Widmung

Dieses Buch ist meinen Eltern Bertha und Sol Silberg gewidmet, denen ich die Gabe der Musik verdanke.
Ich möchte meiner Redakteurin Kathy Charner danken, deren klarer Blick und fantasievolle Mitarbeit dazu beitragen, dass mir das Bücherschreiben solche Freude macht.
Außerdem widme ich dieses Buch den Besitzern von Gryphon House Publishing, Leah Curry-Rood und Larry Rood, die Musik ebenso lieben wie ich und sich wünschen, dass es anderen genauso geht.

Impressum

Titel:	Aber ich kann doch gar nicht singen!
Originaltitel:	The **I can't sing book** for grownups who can't carry a tune in a paper bag … but want to do music with young children
	© **der englischen Originalausgabe:** 1998 Jackie Silberg, published by Gryphon House, Inc. Beltsville, Maryland
Autorin:	Jackie Silberg
Übersetzung:	Rita Kloosterziel
Illustrationen:	Cheryl Kirk Noll
Druck:	Druckerei Uwe Nolte, Iserlohn
Verlag:	Verlag an der Ruhr Postfach 10 22 51 45422 Mülheim an der Ruhr Alexanderstraße 54 45472 Mülheim an der Ruhr Tel. 0208 – 439 54 50 Fax 0208 – 439 54 39 E-Mail: info@verlagruhr.de www.verlagruhr.de

© Verlag an der Ruhr 1999
ISBN 3-86072-444-4

Die Schreibweise der Texte folgt der reformierten Rechtschreibung.

Gedruckt auf chlorfrei gebleichtes Papier.

Alle Vervielfältigungsrechte außerhalb der durch die Gesetzgebung eng gesteckten Grenzen (z.B. für das Fotokopieren) liegen beim Verlag.

Inhalt

Einführung 9

**Kapitel 1: Musik ist:
... für jedermann** 11
   Musik in der Familie 13
   Wiegenlieder 14
   Selbst gemachtes Wiegenlied .. 16

**Kapitel 2: Musik ist:
Rhythmus** 17
   **Aktivitäten und Spiele
   rund um Rhythmus** 18
   Schnell und langsam 18
   Rhythmus in der Natur 18
   Regenrhythmus 19
   Winterrhythmen 20
   Reitergeschichten 21
   Einen Rhythmus darstellen 22
   Alltagsrhythmen 23
   Der Rhythmusroboter 23
   Dem Takt folgen 24
   Das Uhrenspiel 24
   Rhythmusvariationen 25
   Mit dem Köpfchen 25
   Rhythmus überall 26
   Dem Rhythmus lauschen 27
   Hand- und Körperjive 28
   Ein Besuch im Zoo 29
   Tick Tock 30
   Ich fühle den Rhythmus 30
   Rhythmus im Raum 31
   Rhythmus in der Kunst 32
   Die Wochentage 32
   Namen-Rhythmus 33
   Sprechrhythmus 33

Ich habe einen Rhythmus 34
Das Betonungsspiel 35
Eins, zwei, drei, Kuh 26
Glockenklang 36
Ein Rhythmuskanon 37

**Kapitel 3: Musik ist:
Geräusch, Klang, Ton** 39
   **Aktivitäten und Spiele
   rund um Geräusche,
   Klänge und Töne** 40
   Klänge wahrnehmen 40
   Was hörst du? 40
   Alltagsgeräusche 41
   Ein Spaziergang 42
   Popcorn 42
   Mundtrompete 43
   Das Zahnputzspiel 43
   Körperklänge 44
   Lippengeblubber 44
   Uaaaaaaaaa 45
   Flüstern 45
   Laut und leise 45
   Geräusche suchen 46
   Passende Töne finden 47
   Tiergesang 47
   Hoch und tief 48
   Das Lautleisespiel 48
   Echos 49
   Stille 49
   Eine Minute Stille 50
   Geräusche raten 50
   Wo ist die Musik? 51
   Signale 51
   Regen 52

Inhalt

Vibrationen 52
Spaß mit Tönen 53
Geräusche unterscheiden 54
Ohren spitzen 54
Schlauchgesang 55
Hohe und tiefe Töne 56
Verschiedene Stimmen 56
Natur-Instrumente 57
Das Papierspiel 57
Küchenmusik 58
Dies ist mein Wort 59
Den Rhythmus hören 59
Plusterbacken 60
Plusterbacken für
Fortgeschrittene 61

Kapitel 4: Musik ist: Sprache 63

Aktivitäten und Spiele rund um Sprache 64
Der Erste sagt … 64
Bekanntmachungen 64
Brüderchen, komm
tanz mit mir 65
Gebt mir ein „T"! 66
Spiele mit Sprechgesang 66
Singsang 67
Das magische Wort 68
Refrainlieder 68
Rhythmische Poesie 69
Wie heißt das Wort? 70
Singende Telefone 71
Sprechende Gesichter 71
Operettenspaß 72
Hinhören macht Spaß 72

Schläfst du noch? 73
Sprache kann auch
verrückt sein 74

Kapitel 5: Musik ist: Bewegung 75

Aktivitäten und Spiele rund um Bewegung 76
Mit den Augen sehe ich 76
Bewegung und Stillstand 77
Komm, wir gehen 77
Kistenclown 78
Komm, tanz mit mir! 75
Ein Walzer 78
Mit den Zehen wackeln 79
Regen, Regentröpfchen 79
Alles einsteigen, bitte! 80
Ohne Ton 81
Der Arme-Kopf-Tanz 81
Die menschliche Maschine 82
Spiegelbild und Schatten 82
Windspiel 83
Stepptanz 83
Den Raum erkunden 84
Magnete 85
Alles nachmachen 85
Körpersprache 86
Das Klatschspiel 87

Inhalt

Kapitel 6: Musik ist: Singen 89
   4 Tipps … wenn Sie selbst ein Lied lernen wollen 90
   10 Tipps … wenn Sie anderen ein Lied beibringen wollen 90
   Volkslieder 93
   Das „Es, es, es und es"-Spiel ... 97
   Handwerkerrätsel 98
   Aktivitäten und Spiele rund um bekannte Lieder 98
   Horch, was kommt von draußen rein? 98
   Wir woll'n einmal spazieren gehen 99
   ABC-Lied 100
   Lieder mit Bildern 100
   Ging ein Weiblein Nüsse schütteln 101
   Ein Schneider fing 'ne Maus .. 102
   Brüderchen, komm tanz mit mir 103
   Bruder Jakob 103
   Das Wandern ist des Müllers Lust 104

Kapitel 7: Musik ist: Instrumente 105
   Wie man einfache Instrumente baut und wie man damit Musik macht 106
   Klangstöcke 106
   Zauberstäbe mit Bändern 106
   Gefäßrasseln 107
   Das große Schellenrasseln 108
   Papptellertamburin 108
   Snare Drum 109
   Bongos 110
   Maracas 111
   Konservendosenglocke 112
   Blumentopfglocken 112
   Zimbeln 113
   Der Schellenbaum 114
   Wasserglocken 115
   Flaschendeckelkastagnetten .. 116
   Schachtelbanjo 116
   Kazoo, ganz einfach 117
   Flöte 118
   Mundharfe 118
   Trommelkette 119
   Spiele mit Rhythmusinstrumenten 120
   Rhythmusinstrumente für Kinder 121
   Vorschläge für den Einsatz von Klangstäben 121
   Spiele mit Klangstäben 122
   Kommt der Musikant daher .. 123
   Farben und Instrumente 123
   Klangstabklänge 124
   Noch mehr Spiele mit Klangstäben 125
   Mit meinem kleinen Stöckchen 125
   Spiele mit Schlaginstrumenten 126
   Trommelschläge 127
   Der Kuckuck ist zu Haus' 127
   Ich bin ein Musikante 128
   Fantasie auf Instrumenten 129
   Auf Wiedersehen, Erde! 130

Inhalt

He, Herr Montag! 130
Rhythmus erzählt
Geschichten 131

Kapitel 8: Musik ist: Spaß 133
Vergnügliche Aktivitäten und Spiele, die Fertigkeiten und Begriffe vermitteln 134
Wortspiele 134
Der Ball der Tiere 135
Rate das Wort! 136
Fischer, wie tief
ist das Wasser? 137
Wie spät ist es? 137
Klangwellen 138
Wir sind die Musikanten 138
Das Dirigentenspiel 139
Spiele mit dem
Kassettenrekorder 140
Spiele mit dem Metronom 142
Wörter zählen 143
Singen mit verteilten Rollen .. 143

Kapitel 9: Musik ist: eine tolle Lehrmethode 145
20 musikalische Ideen 146

Kapitel 10: Musik ist: Klassik 151
Beispiele klassischer Musik 152
Mondscheinsonate,
1. Satz 152
Hänsel und Gretel 152
Hochzeitsmarsch
aus Lohengrin 152
Minutenwalzer 152
Ouvertüre zu
Wilhelm Tell 153
Pomp and Circumstance 153
An der schönen
blauen Donau 153
Der Radetzkymarsch 153
Clair de Lune 154
Hummelflug 154
Rheinische Sinfonie 155
Sinfonie Nr. 5 c-Moll 155
Karneval der Tiere 156
Sinfonie mit dem
Paukenschlag, 2. Satz ... 157
Der Nussknacker 158
Pastorale 158
Klänge der Natur
in der Musik 159
Tierlaute in der Musik 160
Musik kaufen und
aufbewahren 161

Kapitel 11: Fragen, die Eltern und Lehrer häufig stellen 163

Glossar 171
Literatur 175

Einführung

Musik gehört zu meinen frühesten Kindheitserinnerungen: Ich hatte Tanzunterricht, wir sangen, wenn wir mit dem Auto unterwegs waren und wir veranstalteten im Vorgarten Aufführungen für die Nachbarn. Als ich in die 3. Klasse ging, verkündete Miss Keeler (eine meiner Lieblingslehrerinnen), dass die Schule Klavierstunden anbieten würde und sie schlug vor, dass ich daran teilnehmen sollte. Einmal in der Woche nahm ich also meine Tastatur aus Pappe mit in die Aula und bekam Klavierunterricht. Ich war sofort davon gefesselt. Meine Eltern kauften ein altes Klavier und da wusste ich, dass die Musik von nun an immer ein Teil meines Lebens sein würde.

Meine Eltern liebten Musik und sie kannten hunderte von Liedern. Als ich zwei Jahre alt war, konnte ich „The Very Thought of You", „Three Little Fishes", „When the Red, Red Robin Comes Bob, Bob, Bobbin' along" singen – jede Menge Stoff für die kindliche Sprachentwicklung!

Warum sollte sich ein Kind mit Musik beschäftigen? Fragen Sie einen Lehrer, der Kindern das Lesen beibringt und ihnen dabei verständlich machen muss, was eine Folge ist. Oder einen Physiklehrer, der mit seiner Klasse das Thema Schall behandelt. Fragen Sie einen Mathematiklehrer, der etwas von Zählzeiten und Taktarten versteht oder einen Tanzlehrer, dessen Schüler wissen müssen, wie man den Takt zählt. Mit Musik kann man Mathematik und Sprachen unterrichten, man kann das Gehör schulen und man kann Kindern die Naturwissenschaften nahe bringen. Musik hilft ihnen die Koordination von

Einführung — Fortsetzung

Bewegungen zu entwickeln, sie baut kognitive Fähigkeiten auf und steigert sie – und macht dabei noch Spaß. Außerdem wirkt Musik beruhigend und hilft Erwachsenen – und Kindern – ihre Gedanken und Gefühle auszudrücken. Musik ist eine wesentliche Form der Kommunikation.

Die Musik unterstützt auch die räumliche Wahrnehmung. Das ist wichtig, weil die räumliche Wahrnehmung ein Teil des abstrakten Denkens ist, mit dem das Gehirn alltägliche Handlungen wie das Gehen steuert, aber auch komplexere Funktionen wie das Lösen von Mathematikaufgaben oder technischen Problemen ausführt.

Alle Kinder lieben Musik. Sprachliche und kulturelle Barrieren fallen und es wird unwichtig, auf welchem Entwicklungsstand die Kinder sich befinden, wenn sie Klängen lauschen, Lieder singen, Rhythmen und sich wiederholende Phänomene in der Natur entdecken, Instrumente bauen und Musik hören. Musik fällt kein Urteil. In der Musik gibt es weder falsch noch richtig – sie ist, was sie ist. Sie gibt jedem die Chance, etwas zu schaffen.

Musik ist ein Geschenk. Sie wird Ihren Alltag bereichern und Ihr Leben lang Ihr Freund sein. Wenn Sie ein Kind hören, wie es vor dem Einschlafen vor sich hin singt oder eine Melodie summt, während es mit Bauklötzen spielt, dann wissen Sie, dass die Musik auch sein Freund wird.

1 Musik ist:
... für jedermann

Das Leben ist voller Musik: Vögel zwitschern, die Räder eines Zuges oder der Untergrundbahn rattern, im Radio spielen Schlager. Über die Beliebtheit von Musik kann kein Zweifel bestehen, doch es ist wichtig zu wissen, was Kinder in verschiedenen Entwicklungsstadien mögen und verstehen. Es folgt ein kurzer Überblick über den typischen Verlauf der musikalischen Entwicklung bei Kindern. Denken Sie daran, dass Kinder aller Altersstufen von der Begegnung mit Musik profitieren und dass Lieder, die ihnen im Krabbelalter gefallen, ihnen auch als Dreijährige noch Spaß machen.

Säuglinge reagieren auf Musik in ihrer Umgebung. Forschungen haben ergeben, dass Babys schon im Mutterleib auf Musik reagieren. Das Neugeborene fühlt die Schwingungen des menschlichen Körpers und hört zugleich den Gesang. Wenn ein Säugling zu plappern beginnt und seine Stimme entdeckt, ist er erstaunt über all die wunderbaren Geräusche, die er machen kann.

Kleinkinder springen und rennen besonders gern zu Musik. Alles, was rappelt (Flaschen oder unzerbrechliche Gefäße, die mit Bohnen oder anderen Sachen gefüllt sind), und Stöcke (aber kurze!) sind wundervolle Musikinstrumente für sie. Sie fördern die Motorik und geben den Kindern die Möglichkeit, musikalische Klänge zu erkunden. Wenn Sie Fünfjährigen Musik vorspielen, wiegen sie sich vor und zurück, springen auf und ab und zeigen dabei bemerkenswerte Energie.

Kinder im Kindergartenalter mögen Bewegungsspiele (Seite 75 bis Seite 88), Sing- und Fingerspiele wie „Bekanntmachungen" (Seite 64), „Brüderchen, komm tanz mit mir" (Seite 65), „Spiele mit Sprechgesang" (Seite 66) und „Das magische Wort" (Seite 68) und „Der Erste sagt …" (Seite 64). Außerdem singen sie gerne.
Einfache Lieder können sie sich bereits merken und diese mit Bewegungen untermalen.

Kinder im Grundschulalter spielen mit Vorliebe auf Rhythmusinstrumenten (siehe Seite 105 bis 132). Sie erkunden gern die Vielzahl der Klänge, die sie mit diesen Instrumenten erzeugen können. Sie lieben Lieder mit Aktionen und Lieder, die im Wechselgesang gesungen werden, und machen besonders gern laute und leise Geräusche. Auch das Hören von Liedern macht Spaß, besonders wenn dazu mit den Händen geklatscht oder mit den Füßen gestampft wird. Ebenso mögen sie musikalische Spiele (siehe Seiten 78, 79), bei denen galoppiert, gesprungen und gerannt wird oder einfache Tanzschritte gemacht werden. Besonders beliebt ist alles Theatralische und Unsinn in jeder Form: als Geräusche, in Wörtern oder Liedern.
Das Erfinden von eigenen Liedern gewinnt an Bedeutung, wenn sie beginnen Geräusche und Töne miteinander in Verbindung zu bringen.
Je älter Kinder werden, umso besser können sie auf einfachen Rhythmusinstrumenten spielen. Auch ihre Lieder werden komplexer und abwechslungsreicher, angefangen von Liedern, über das, was sie tagsüber tun, bis hin zu Wechselgesängen bei Spielen, die in dieser Altersstufe besonders beliebt sind. Es ist übrigens auch das ideale Alter, um Kindern klassische Musik nahe zu bringen. Aus diesem Grund finden sich in diesem Buch auch Anregungen zum Umgang mit klassischer Musik.

Die Aktivitäten und Spiele in diesem Buch fördern musikalische Fertigkeiten und den Sinn für Musik in allen Altersgruppen, die oben erwähnt werden. Gleichzeitig schulen sie das Gehör der Kinder, ihre Sprache, ihre motorischen und kognitiven Fähigkeiten und stärken das Selbstbewusstsein. Dabei beziehen sich die Aktivitäten auf alle Lebensbereiche, die für die Kinder von Bedeutung sind: Kindergarten, Schule, aber natürlich auch das Leben in der Familie.

Musik in der Familie

Mit Gesang können Sie auf wunderbare Weise eine ganz spezielle, liebevolle Beziehung zu Ihren Kindern aufbauen. Sie können Ihrem Baby sogar etwas vorsingen, wenn es im Mutterleib ist. Forschungen haben ergeben, dass Babys in den letzten Monaten der Schwangerschaft schon hören können, und daher ist das genau die richtige Zeit für Mütter und Väter sich zu entspannen und den Kindern etwas vorzusingen. Einige Leute stellen sich sogar ein Megafon auf den Bauch, wenn sie ihrem ungeborenen Kind etwas vorsingen. Studien belegen, dass ein Kind die Melodie eines Liedes wieder erkennt, das es im Mutterleib immer wieder gehört hat.

Wenn das Baby auf der Welt ist, halten Sie es im Arm und singen ihm etwas vor. Dabei regen Sie alle seine Sinne an: Es hört Ihre Stimme, es sieht Ihr Gesicht, es riecht Ihren Körper und fühlt, wie er beim Singen vibriert.

Wenn Ihre Kinder älter werden, bilden sich spezielle Lieder und Rituale heraus. Familien erfinden gerne Lieder über besondere Ereignisse, Haustiere oder einfach eine Reihe von Unsinnswörtern. Mit bekannten Melodien macht das besonderen Spaß, weil sie den Kindern vertraut sind. Autofahrten, ein Bad oder das Einschlafen sind Situationen, die durch Lieder bereichert werden können. Das Zubettgehen mit einer Geschichte und einem Wiegenlied ist eine Zeit sich gemeinsam zu entspannen.

Wiegenlieder

Wiegenlieder sind warme, zärtliche und sanfte Lieder für alle: Säuglinge, Kleinkinder, Vorschulkinder, Großeltern, Haustiere und alle, die Trost brauchen. Sanftes Schaukeln, leises Summen und die Nähe einer geliebten Stimme werden auf der ganzen Welt eingesetzt, um ein ruheloses Kind zu trösten und ihm Sicherheit zu geben.

Wenn ein Kind zu groß ist um in den Armen in den Schlaf gewiegt zu werden, kann ein Wiegenlied, das ein Gefühl von Sicherheit schafft, immer noch ein wichtiger Teil des Zubettgeh-Rituals sein – der Übergang vom aktiven zum ruhigen Teil des Tages, eine Zeit zum Erzählen, Singen und Lesen. Es ist auch eine gute Gelegenheit zum Kuscheln und Streicheln. Kinder (und Erwachsene) brauchen Streicheleinheiten. Wenn diese Zeit zum festen Bestandteil des Tages geworden ist, kann sich diese Angewohnheit bis in die Jugendjahre Ihres Kindes fortsetzen, wobei sich die Form mit den Bedürfnissen des Kindes ändert und schließlich zu einer Gelegenheit wird, sich zu unterhalten.

Was ist ein Wiegenlied? Musikwissenschaftler nehmen an, dass die ersten Wiegenlieder Beschwörungsformeln oder Zaubersprüche waren, die die Eltern abwandelten und sangen, um ihre Kinder vor den Dämonen der Nacht zu schützen. Wiegenlieder haben beruhigende Rhythmen, sie vermitteln eine Botschaft, die Mut machen soll, und sie lassen wundervolle Bilder entstehen.

Schlaf, Kindchen, schlaf

Schlaf, Kindchen, schlaf!
Dein Vater hüt' die Schaf'.
Dein' Mutter schüttelt's Bäumelein,
da fällt herab ein Träumelein.
Schlaf, Kindchen, schlaf!

Dies ist hier zu Lande wohl das bekannteste Schlaflied. Die Melodie wurde von Johann Friedrich Reichardt, dem Hofkapellmeister Friedrichs des Großen, nach einer bekannten Volksweise komponiert. Er veröffentlichte es in dieser Form zuerst im Jahre 1781 in seinem Band „Lieder für Kinder" unter der Überschrift „Fiekchens Wiegenlied, ihrer Puppe vorzusingen". Mit dem „Träumelein", das vom „Bäumelein" herabfällt, ist wohl eine kleine Traube gemeint und nicht ein kleiner Traum, obwohl dies in einem Wiegenlied natürlich auch sehr passend ist.

Es sind vor allem Schafe und Gänse, die in Schlummerliedern besungen werden. Das liegt sicherlich daran, dass man ihnen Tugenden zuschreibt, die besonders gut zu der Stimmung von Wiegenliedern passen: Sie sind sanft, duldsam, lieb und vergnügt.

Während die Melodie von „Schlaf, Kindchen, schlaf!" immer unverändert bleibt, gibt es verschiedene Texte dazu.
Dies sind vielleicht die bekanntesten:

Schlaf, Kindchen, schlaf!
Dein Vater hüt' die Schaf'.
Die Mutter hüt' die Lämmerchen.
Schlaf du in deinem Kämmerchen.
Schlaf, Kindchen, schlaf!

Schlaf, Kindchen, schlaf!
So schenk ich dir ein Schaf,
Mit einer gold'nen Schelle fein,
das soll dein Spielgeselle sein.
Schlaf, Kindchen, schlaf!

Selbst gemachtes Wiegenlied

- Wählen Sie drei oder vier Worte, die zu den Kindern passen, und flechten Sie auch den Vornamen ein. Zum Beispiel: „Gute Nacht, Anna, gute Nacht."
- Sagen Sie diese Worte immer wieder und Sie werden bald feststellen, dass Sie sie singen anstatt sie einfach nur zu sprechen.
- Versuchen Sie, die Musik zu singen, die Sie in den Worten hören. Dabei macht es nichts, wenn sich die Melodie jedes Mal anders anhört. Das ist normal!
- Halten Sie das Kind im Arm und wiegen Sie es hin und her. Sagen oder singen Sie die Worte, die Sie gerade erfunden haben.
- Schlagen Sie den Kindern vor, eine Puppe oder ein Stofftier in den Armen zu halten und dabei ein Wiegenlied zu singen.
- Wenn Sie das Wiegenlied ein paar Mal gesungen haben, versuchen Sie mit den Wörtern zu spielen. Sie können zum Beispiel den Anfangsbuchstaben des Vornamens ändern: „Gute Nacht, Sanna, Banna, Nanna, gute Nacht." Oder Sie versehen den ganzen Satz mit neuen Anfangsbuchstaben: „Lute lacht, Lanna, Lute lacht." Eine andere witzige Methode ist es, den ganzen Satz mit demselben Vokal zu singen (wie bei „Drei Chinesen mit dem Kontrabass"): „Goto Nocht, Onno, goto Nocht."
- Dabei wird der ursprüngliche Satz allmählich immer unsinniger (vor allem, wenn Sie es mit Fünfjährigen zu tun haben), aber dies ist eine große Hilfe bei der sprachlichen Entwicklung des Kindes.

> Weitere bekannte Schlaflieder sind:
> - **Die Blümelein, sie schlafen**
> - **Guten Abend, gut' Nacht**
> - **Der Sandmann ist da**
> - **Aber Heidschi bumbeidschi**
> - **Wer hat die schönsten Schäfchen**
> - **Der Mond ist aufgegangen**
> - **O wie wohl ist mir am Abend**
> - **Weißt du, wie viel Sternlein stehen**

Musik ist einer der sieben Bereiche der Intelligenz und sie bedient sich teilweise der anderen sechs Elemente. Lieder gehören zum Sprachbereich, Rhythmus zur Logik, Tanz und Fingerbewegungen auf Instrumenten zählen zur Kinästhesie (der Fähigkeit, Bewegungen unbewusst zu kontrollieren), musikalische Darbietungen können dem Gebiet der zwischenmenschlichen Beziehungen zugeordnet werden, während die Verbindung zwischen einem Musiker und seinem Instrument eine sehr intensive Erfahrung im innerpersönlichen Bereich sein kann.

2 Musik ist: Rhythmus

Kinder beginnen schon sehr früh rhythmische Wiederholungen zu fühlen und wahrzunehmen. Eine Mutter erzählte mir: „Mein Baby liebt Musik. Wenn ich ihm etwas vorsinge oder vorspiele, hüpft es in seinem Bett auf und ab, kräht, tanzt, lächelt und kichert." Wie oft habe ich solche oder ähnliche Bemerkungen in den vergangenen Jahren gehört! Und es stimmt! Kinder reagieren wirklich auf Musik. Für sie ist das so natürlich wie laufen oder reden. Vom Säuglingsalter an und auch im Laufe ihrer späteren Entwicklung fasziniert sie der Klang von Rasseln und Spieluhren. Kleinkinder fangen an, ihre eigenen Rhythmen zu komponieren, indem sie auf Töpfen und anderen Oberflächen herumtrommeln. Wenn ein Kind eine Melodie im Radio oder Fernsehen hört, kann es ganz spontan reagieren: Es beginnt hin- und her zu schwingen und zu tanzen.

Rhythmus ist etwas, was sich ständig in gleicher Form wiederholt. Es ist ein Muster, das immer wiederkehrt. Die Anordnung der Fenster kann einem Zimmer einen Rhythmus geben. Kleider können einen Rhythmus haben, wenn Streifen oder Punkte einem bestimmten Muster folgen. Die Jahreszeiten haben einen Rhythmus: Frühling, Sommer, Herbst und Winter. Nacht und Tag kommen ständig wieder. Begegnungen mit Rhythmus sind ein wesentlicher Teil des Alltagslebens. Wenn wir beginnen den Rhythmus der Welt zu verstehen, beginnen wir auch uns selbst zu verstehen. In der Schönheit liegen Rhythmus und Ordnung.

Aktivitäten und Spiele rund um Rhythmus

Schnell und langsam ab 5 Jahre
SCHNELLE UND LANGSAME RHYTHMEN

- Halten Sie Ihre Arme ausgestreckt vor Ihren Körper. Beschreiben Sie mit Ihren Händen kleine Kreise, erst ganz langsam, dann ein bisschen schneller, noch schneller und dann ganz schnell.
- Wiederholen Sie diese Bewegung und ermuntern Sie die Kinder es Ihnen nachzumachen.
- Strecken Sie nun Ihre Finger aus. Dann krümmen Sie sie und strecken sie wieder aus. Erst ganz langsam, dann ein bisschen schneller.
- Wiederholen Sie diese Bewegung und sagen Sie den Kindern, dass sie es nachmachen sollen.
- Bewegen Sie verschiedene Körperteile langsam, dann schneller – den Kopf, die Schultern, die Füße (im Sitzen oder wenn Sie auf dem Rücken liegen), usw.
- Wiederholen Sie Ihre Bewegungen jedes Mal und die Kinder machen es Ihnen nach.
- Lassen Sie die Kinder in verschiedenen Bewegungsarten durch den Raum gehen. Überlegen Sie gemeinsam, ob dies eine schnelle oder eine langsame Art ist, sich zu bewegen.
- Gehen, laufen, hoppeln, hüpfen oder springen Sie; gehen Sie schnell durch den Raum. Kommen Sie langsam wieder zurück.

Rhythmus in der Natur ab 5 Jahre
RHYTHMISCHE MUSTER IN DER NATUR

- Praktisch alles auf der Welt gehorcht einem eigenen Rhythmus. Die Jahreszeiten wechseln einander ab, der Tag wird zur Nacht, grüne

Blätter werden bunt, die Wellen des Ozeans bewegen sich ebenso nach bestimmten Frequenzen wie Radiowellen.
- ♪ Machen Sie einen rhythmischen Ausflug. Suchen Sie nach Regelmäßigkeiten und Wiederholungen in Blättern, Blumen, Steinen und Wolken.
- ♪ Experimentieren Sie mit verschiedenen Bewegungsarten. Ändern Sie Ihre Gangart, wenn sich die Oberfläche ändert, auf der Sie gehen. Hüpfen Sie auf Gras, auf Beton gehen Sie auf Zehenspitzen, auf Erdreich stampfen Sie mit den Füßen auf.
- ♪ Die Beobachtung der Welt und ihrer Rhythmen hilft jungen Köpfen eine Ordnung in der Welt zu entdecken.

Regenrhythmus

ab 5 Jahre

RHYTHMUS UND KLÄNGE IN DER NATUR

- ♪ Bei diesem kreativen Spiel geht es um Bewegungen und szenische Darstellung. Es ist sehr wirkungsvoll, wenn man eine Stimmung schaffen will.
- ♪ Sagen Sie das folgende Gedicht auf:

> Es regnet, wenn es regnen will,
> und regnet seinen Lauf.
> Und wenn's genug geregnet hat,
> so hört es wieder auf.

♪ Wenn Sie die Melodie zu diesem Lied kennen, können Sie es auch singen.
♪ Singen oder sagen Sie die Worte noch einmal und machen Sie dabei die folgenden Handbewegungen.

Lassen Sie es sanft regnen:	Schnippen Sie leise mit den Fingern.
Lassen Sie es lauter regnen:	Schnippen Sie lauter.
Lassen Sie es ganz laut regnen:	Klatschen Sie sich mit den Händen auf die Oberschenkel.
Lassen Sie es donnern:	Stampfen Sie mit den Füßen auf den Boden.
Lassen Sie es blitzen:	Klatschen Sie kurz und hart in die Hände.

♪ Nun gehen Sie alle Schritte in der umgekehrten Reihenfolge durch, bis Sie wieder bei den leisen Regentropfen angekommen sind.

Winterrhythmen

ab 5 Jahre

RHYTHMEN IN DER NATUR

♪ In der Natur gibt es viele rhythmische Wiederholungen. Der Wechsel der Jahreszeiten, Tag und Nacht, das Zirpen der Grillen und das Rauschen des Meeres. Auch im Schneefall liegt ein Rhythmus.
♪ In der Kunst ist der Schnee ein immer wiederkehrendes Thema. Fryderyk Chopin komponierte Musik über den Schnee. Ralph Waldo Emerson, Robert Lee Frost und viele andere amerikanische Dichter haben Gedichte über den Schnee geschrieben, ebenso wie Nikolaus Lenau, Christian Morgenstern und Gustav Falke als Vertreter der deutschen Literatur. Die Schneebilder der „naiven" Malerin Grandma Moses sind auch außerhalb Amerikas bekannt und die Winterlandschaften der Breughels und Caspar David Friedrichs sind sicherlich vielen deutschen Lesern vertraut. Das ist kein Zufall. Schnee ist eine bewegende und rhythmische Kraft der Natur.
♪ Sprechen Sie mit den Kindern über den Schnee. Kann man Schnee fallen hören? Wie fühlt sich Schnee an? Wie riecht Schnee? Fällt Schnee gerade vom Himmel herunter oder wirbelt er herum, während er fällt?
♪ Machen Sie selbst Schnee, indem Sie weißes Papier in kleine Stücke reißen. Dann klettern Sie auf einen Stuhl oder eine Leiter und lassen den Schnee fallen. Beobachten Sie die Schneeflocken dabei. Lassen Sie es mehrmals hintereinander auf diese Weise schneien und setzen Sie die

Diskussion darüber fort, wie Schnee fällt. (Organisieren Sie einen Schneeräumdienst, denn Sie werden jede Menge Papier auf dem Boden liegen haben.)

♪ Spielen Sie Schneeflocken. Wirbeln und wehen Sie umher und fallen dann zu Boden. Was fällt sonst noch so leicht und leise wie Schnee? Federn und Blätter – und was sonst noch?

♪ Spielen Sie das folgende Gedicht nach:

>Schneeflocken stieben
>windgetrieben
>durch die Straßen, über's Feld.
>
>Schneeflocken stieben
>windgetrieben,
>malen eine weiße Welt.

Reitergeschichten

ab 5 Jahre

SPRACHE UND RHYTHMUS

♪ Dieses hübsche rhythmische Lied macht auch als Sprechvers großen Spaß, weil der Rhythmus der Worte so vergnügt klingt.

>Wie reiten denn die Herrchen?
>Ra! Ra! Ra!
>
>Wie reiten denn die Jüngferchen?
>Zimperlim zim-zim!
>
>Wie reitet denn der Bauersmann,
>der nicht besser reiten kann?
>Hobbelde-bobbelde-boo und
>hobbelde-bobbelde-boo.

♪ Fügen Sie Ihre eigenen Zeilen hinzu:

Wie reitet denn der Polizist?	Machen Sie Sirenengeheul nach.
Wie reiten denn die Piloten?	Machen Sie Flugzeuggeräusche nach.
Wie reitet denn der Zugschaffner?	Machen Sie Zuggeratter nach.

- ♪ Der Rhythmus dieses Sprechverses ist ansteckend. Wenn Sie ihn immer wieder aufsagen, werden Sie ihn allmählich mit dem ganzen Körper fühlen.
- ♪ Begleiten Sie die Worte mit Bewegungen. Hoppeln Sie unbeholfen zu „hobbelde-bobbelde-boo" oder reiten Sie ganz zierlich zu „zimperlim-zim-zim".
- ♪ Spielen Sie die verschiedenen Klänge auf Rhythmusinstrumenten.

Rhythmus darstellen   ab 6 Jahre

RHYTHMISCHE WIEDERHOLUNGEN

- ♪ Hören Sie sich gemeinsam mit den Kindern einen Rhythmus an (zum Beispiel eine Uhr). Tun Sie so, als seien Sie eine Uhr und machen Sie jedes Mal ein Geräusch, wenn die Uhr tickt.
- ♪ Lassen Sie die Kinder eine Hand auf ihr eigenes Herz oder das eines anderen Kindes legen. So spüren sie den Rhythmus des Herzens. Machen Sie bei jedem Herzschlag ein Geräusch.
- ♪ Die Kinder ahmen einen Frosch nach. Sie hüpfen durch den Raum und sagen in einem gleich bleibenden Rhythmus „quakquak".
- ♪ Sprechen Sie über Dinge, die einen schnellen oder einen langsamen Rhythmus haben. Spielen Sie eine schnell umhersummende Biene oder eine langsame Schildkröte.

Alltagsrhythmen

ab 6 Jahre

RHYTHMEN IM ALLTAG

- Wir sind von Rhythmus umgeben. Wenn Sie Kindern beibringen diesen Rhythmus zu beobachten, helfen Sie ihnen sich ihrer selbst und ihrer Umgebung bewusst zu werden.
- Sprechen Sie mit den Kindern über die verschiedenen Arbeiten, die Leute ausführen – Kochen, Auto fahren, Geschirr spülen, das Kinderzimmer aufräumen, Telefonieren und Briefe schreiben.
- Spielen Sie einige dieser Rhythmen mit ihnen durch. Beschreiben Sie die Tätigkeit in einem rhythmischen Sprechgesang – „Wasser kochen, Wasser kochen, Wasser kochen!" oder „wasch' die Möhre, wasch' die Möhre, wasch' die Möhre!"
- Suchen Sie sich einen Rhythmus aus, den Sie gerne nachspielen möchten, oder lassen Sie die Kinder einen Rhythmus finden und sprechen Sie das folgende Gedicht:

> Kuchen backen, Zwiebeln hacken,
> Böden wischen und dazwischen
> Wäsche falten, Baby halten
> – es gibt viel zu tun im Haus,
> such dir einen Rhythmus aus.

Der Rhythmusroboter

ab 6 Jahre

RHYTHMUSGEFÜHL

- Denken Sie sich ein Geräusch aus, während Sie einen Arm vor und zurück bewegen. Zum Beispiel: blipp, blipp, blipp. Die Kinder haben da bestimmt ganz tolle Ideen!
- Nun lassen Sie sie mit gleichmäßigem Schritt herummarschieren und dazu ein anderes Geräusch machen, vielleicht tock, tock, tock.
- Nun sollen die Kinder versuchen herumzugehen und dabei das Marschiergeräusch zu machen, dann stehen zu bleiben und den Arm zum Armgeräusch zu bewegen.
- Sie können sich verschiedene Geräusche für viele verschiedene Bewegungen ausdenken – mit dem Kopf nicken, die Zunge herausstrecken (besonders beliebt) und die Ellenbogen seitlich abspreizen.

Dem Takt folgen

ab 6 Jahre

GENAU HÖREN

- Für dieses Spiel brauchen Sie ein Metronom oder einen Zeitmesser, der ein (Schlag-)Geräusch von sich gibt.
- Geben Sie den Kindern einen Stock, mit dem sie im Rhythmus der Uhr oder des Metronoms auf den Boden klopfen.
- Ein Metronom ist besonders geeignet, weil Sie die Schlaggeschwindigkeit variieren können.
- Imitieren Sie verschiedene Tiere und ordnen Sie unterschiedliche Schlaggeschwindigkeiten unterschiedlichen Tieren zu. So passt ein langsamer Takt zu einem Elefanten, eine mäßige Geschwindigkeit eignet sich gut für ein Känguru und für ein Eichhörnchen nehmen Sie einen schnellen Takt.

Das Uhrenspiel

ab 6 Jahre

KONZENTRATION

- Der Rhythmus einer Uhr lässt sich gut nachmachen, weil die Uhr sehr beständig tickt. Dies hilft Kindern ein Bewusstsein für einen gleichmäßigen Schlag zu entwickeln.
- Hören Sie sich gemeinsam mit den Kindern eine Uhr an und bewegen Sie sich zum Rhythmus ihres Schlagens. Beginnen Sie mit dem Zeigefinger und bewegen Sie ihn mit jedem Ticken der Uhr vor und zurück. Dies erfordert eine Menge Konzentration; je lauter das Ticken ist, desto deutlicher kann man es wahrnehmen.
- Fügen Sie immer neue Körperteile hinzu. Bewegen Sie weiterhin den Zeigefinger, während Sie gleichzeitig im Uhrzeigertakt den Kopf von einer Seite zur anderen bewegen.
- Im nächsten Schritt schwingen Sie Ihren ganzen Körper im Takt der Uhr.

Rhythmusvariationen

ab 6 Jahre

KÖRPERRHYTHMEN

🎵 Immer zwei Kinder nehmen einander bei der Hand. Sagen Sie ihnen, dass Sie beide verschiedene Arten von Rhythmus umsetzen wollen.
🎵 Hier sind einige Rhythmen, die sie ausprobieren können.

Huckelig	– mit geschlossenen Füßen im Kreis herumspringen
Glatt	– auf Ihren Füßen gleiten, als wollten Sie Rollschuh fahren
Gradlinig	– einen Fuß direkt vor den anderen stellen
Leise	– auf Zehenspitzen gehen
Schnell	– ganz schnell gehen
Langsam	– langsam gehen
Kraftvoll	– mit stampfenden Füßen marschieren
Zickzack	– im Zickzackkurs durch den Raum gehen

🎵 Die Kinder sollen versuchen bei all diesen rhythmischen Bewegungen einen Kreis oder ein Dreieck zu beschreiben.
🎵 Sie können dieses Spiel auch mit Musik vom Band begleiten.

Mit dem Köpfchen

ab 6 Jahre

KÖRPERGEFÜHL

🎵 Spielen Sie dieses rhythmische Spiel mit Kindern. Einige Zeilen werden Sie (und die Kinder) vielleicht aus dem Lied **„Brüderchen, komm tanz mit mir"** kennen.

Mit dem Köpfchen: nick, nick, nick,
(mit dem Kopf auf und ab nicken)
an den Haaren: zupf.
(sich sachte am Haarschopf zupfen)
Mit dem Fingerchen: tick, tick, tick,
(mit gekrümmtem Zeigefinger in die Luft tippen)
mit der Nase: schnupf.
(laut und vernehmlich schniefen – sehr beliebt bei Kindern)

Mit den Händen: klapp, klapp, klapp,
(dreimal in die Hände klatschen)
mit den Augen: guck.
(mit der Hand die Augen überschatten und in die Ferne blicken)
Mit den Füßchen: trapp, trapp, trapp,
(mit den Füßen auf den Boden trampeln)
mit dem Munde: schluck.
(gut hörbar schlucken)

♪ Und hier sind noch weitere Ideen für dieses Rhythmusspiel.

Klatschen Sie den Rhythmus des Gedichts vor.
Bedenken Sie, dass der Rhythmus in jeder zweiten Zeile gleich ist.
Klatschen Sie erst zwei Zeilen und sprechen Sie die beiden nächsten Zeilen.
Klatschen Sie zwei Zeilen und stampfen Sie zu den nächsten beiden Zeilen mit den Füßen auf den Boden.

Rhythmus überall

ab 6 Jahre

RHYTHMUSGEFÜHL

♪ Kinder haben großen Spaß daran, neue Wörter zu sagen. Oft wiederholen sie dasselbe Wort immer und immer wieder, weil sie einfach Vergnügen daran haben, es auszusprechen.
♪ Nehmen Sie einen beliebtes Wort wie „Pizza" und lassen Sie es die Kinder mit verschiedenen Teilen ihres Körpers sagen.

Mit den Händen	– zum Rhythmus der Silben klatschen
Mit dem Kopf	– den Kopf zum Rhythmus der Silben bewegen
Mit den Füßen	– die Silben stampfen
Mit den Augen	– bei jeder Silbe mit den Augen zwinkern

♪ Nun können sich die Kinder ein neues Wort aussuchen und es auf viele verschiedene Arten sagen.
♪ Variieren Sie das Spiel: Klatschen, klopfen oder nicken Sie Wörter und sehen Sie, ob die Kinder das Wort erraten können.
♪ Mit beliebten Liedtiteln macht dieses Spiel besonderen Spaß. Klopfen Sie die erste Zeile von „Gretel, Pastetel" auf den Tisch.

Gretel Pastetel

Gretel Pastetel, was machen die Gäns?
Sie sitzen im Wasser und waschen die Schwänz.

Gretel, Pastetel, was macht euer Hahn?
Er spreizt seine Federn und kräht, was er kann.

Gretel Pastetel, was macht denn das Huhn?
Es gackert und gackert, hat sonst nichts zu tun.

> Forschungen haben Rhythmus als ein wesentliches Element beim Lernen, bei der sprachlichen Entwicklung und der Entwicklung des Gedächtnisses herausgestellt. Kleine Kinder mögen Kinderreime, sie mögen es, wenn Muster wiederholt werden, und sie reagieren mit rhythmischen Bewegungen auf Musik.

Dem Rhythmus lauschen ab 6 Jahre

GEFÜHL FÜR KLÄNGE

♪ Kinder machen Geräusche gerne nach. Wie oft schon haben Sie gehört, wie sie im Spiel das Pfeifen eines Zuges nachahmen, die Sirenen eines Polizeiautos oder das Dröhnen eines Flugzeuges. Viele dieser Geräusche oder Klänge folgen rhythmischen Mustern, die sich leicht erkennen und nachbilden lassen.

♪ Horchen Sie gemeinsam mit den Kindern auf Geräusche: das Ticken einer Uhr, das Geräusch der Scheibenwischer oder das Tröpfeln des Wasserhahns. Versuchen Sie diese Geräusche in einem gleichmäßigen Rhythmus nachzumachen.

♪ Spielen Sie ein Spiel, bei dem Sie eines der Geräusche nachahmen, das Sie gerade gehört haben. Sehen Sie, ob die Kinder erraten können, welches Geräusch Sie machen. Dann wechseln Sie die Rollen: Das Kind macht die Geräusche vor und die anderen raten.

Hand- und Körperjive

ab 6 Jahre

RHYTMUSGEFÜHL

♪ Der Hand- und Körperjive ist eine Methode, Rhythmus mit dem Körper und den Händen auszudrücken. Er ist ähnlich wie ein Fingerspiel oder Bewegungen, die ein Lied begleiten. Hier sind einige Beispiele:

Meister Koch

**Meister Koch, Koch, Koch,
fiel ins Loch, Loch Loch,**
(mit den Händen in Bodennähe einen Kreis in der Luft beschreiben)
aber tief, tief, tief,
(mit einer Hand eine Bewegung bis fast auf den Boden machen)
und er rief, rief, rief:
(beide Hände wie einen Trichter um den Mund legen)
**„Liebe Frau, Frau, Frau,
das tut weh, au, au!**
(mit schmerzverzerrtem Gesicht an den Rücken fassen)
Zieh mich raus, raus, raus,
(die Füße gegen den Boden stemmen und einen imaginären Meister Koch an den Armen ziehen)
aus dem Haus, Haus, Haus!"
(mit beiden Armen einen Ruck nach hinten vollführen – so als käme Meister Koch plötzlich frei)

Meine Mu, meine Mu, meine Mutter schickt mich her

**Meine Mu, meine Mu, meine Mutter schickt mich her,
ob der Ku, ob der Ku, ob der Kuchen fertig wär.
Wenn er no, wenn er no, wenn er noch nicht fertig wär,
käm ich mo, käm ich mo, käm ich morgen wieder her.**

♪ Begleiten Sie die Worte mit rhythmischem Klatschen. Die Kinder sollen versuchen abwechselnd in die Hände und auf die Knie zu klatschen.

Huiii, Baby

♪ Nehmen Sie die Hand eines Kindes in Ihre Hand. Fangen Sie mit dem kleinen Finger an, berühren Sie jede einzelne Fingerspitze und sagen Sie dabei das Wort „Baby". Wenn Sie zu dem Wort „Huiii" kommen, sind Sie beim Zeigefinger angelangt. Fahren Sie mit Ihrem Finger den Zeigefinger des Kindes hinunter und den Daumen wieder hinauf. Sagen Sie „Baby", wenn Sie zur Spitze des Daumens kommen. Dann geht es mit einem zweiten „Huiii" zurück zum Zeigefinger. Wandern Sie mit dem Wort „Baby" zurück zum kleinen Finger.

> **Baby, Baby, Baby,**
> **Baby, huiii,**
> **Baby, huiii,**
> **Baby, Baby, Baby,**
> **Baby.**

♪ Nun kann das Kind das Spiel bei einem anderen Kind machen. So wird es von Kind zu Kind weitergegeben.

Ein Besuch im Zoo   ab 6 Jahre

GENAU HÖREN

♪ Der Rhythmus dieses Sprechverses macht Kindern besonderen Spaß und ermuntert sie zu lebhafter Körperbewegung.

> Ach, ich bin so froh, froh, froh:
> denn heut gehn wir in den Zoo, Zoo, Zoo.
>
> Da turn ich mit den Affen, Affen, Affen,
> und kitzel die Giraffen, -raffen, -raffen
> am Bauch.
>
> Ich zupf den Löwen an der Mähne, Mähne, Mähne,
> und heul mit der Hyäne, -yäne, -yäne.
>
> Und dann starr ich bange, bange, bange,
> der dicken Riesenschlange, -lange, -lange
> ins Maul.
>
> Unterwegs, wer weiß, weiß, weiß,
> da gibt's vielleicht ein Eis, Eis, Eis.
>
> Und zum guten Schluss, Schluss, Schluss,
> fahr'n wir mit dem Bus, Bus, Bus
> nach Haus.

♪ Wiederholen Sie die Worte mehrmals zusammen mit den Kindern. Sagen Sie die Worte und lassen Sie das letzte Wort, das dreimal wiederholt wird, aus.
♪ Ersetzen Sie die Worte durch Klatschen. Ach, ich bin so (klapp, klapp, klapp), denn heut gehn wir in den (klapp, klapp, klapp).
♪ Es ist leichter, wenn man die Wörter während des Klatschens flüstert. Wenn die Kinder das Gedicht auswendig aufsagen und den Rhythmus klatschen können, versuchen Sie statt des Klatschens Rhythmusinstrumente einzusetzen.
♪ Nun werden die Worte durch Klatschen ersetzt.

Tick Tock — ab 7 Jahre
GLEICHMÄSSIGER SCHLAG

♪ Kinder spüren den gleichmäßigen Schlag rhythmischer Klänge. Mit Hilfe einer Uhr kann man einem gleichmäßigen Schlag lauschen.
♪ Nehmen Sie eine Uhr (mit einem lauten Schlag) oder ein Metronom und sagen Sie den Kindern, dass sie der Uhr zuhören sollen. Dann bitten Sie sie, das Ticken der Uhr mit den Händen nachzuklatschen.
♪ Nun sollen die Kinder versuchen ohne die Uhr rhythmisch in die Hände zu klatschen.
♪ Geben Sie den Kindern zwei Klangstöcke oder Holzlöffel, die sie aufeinander schlagen können.
♪ Beginnen Sie mit dem gleichmäßigen Tick-tack, dann singen Sie zu diesem gleichmäßigen Schlag ein Lied.
♪ Folgende Lieder haben einem gleichmäßigen Rhythmus:

>Bruder Jakob; Morgen kommt der Weihnachtsmann; Gretel, Pastetel; Ging ein Weiblein Nüsse schütteln

Ich fühle den Rhythmus — ab 7 Jahre
KÖRPERGEFÜHL

♪ Wir alle haben in unserem Körper einen ganz individuellen Rhythmus. Zeigen Sie den Kindern, wo ihr Herz liegt. Lassen Sie sie die Hände auf ihr Herz legen und den gleichmäßigen, rhythmischen Schlag hören.

- 🎵 Fragen Sie sie nach dem, was sie hören. Ist euer Herzschlag gleichmäßig, langsam, schnell? Benutzen Sie dabei Wörter, die die Kinder verstehen.
- 🎵 Sagen Sie den Kindern nun, wo der Puls liegt. Der lässt sich etwas schwerer finden. Das Handgelenk oder der Hals sind normalerweise die besten Stellen.
- 🎵 Der Puls und der Herzschlag spiegeln die Tätigkeit des Herzens wider, wie es Blut durch den Körper pumpt und dabei die Zellen mit Sauerstoff und Nahrung versorgt. Erklären Sie den Kindern so viel, wie sie verstehen können.
- 🎵 Singen Sie das folgende Lied zur Melodie von „Der Kuckuck und der Esel".

Der Rhythmus meines Herzens,
bum bum, bum bum, bum bum.
Der Rhythmus meines Herzens,
der Rhythmus meines Herzens,
bum bum, bum bum, di bum,
bum bum, bum bum, di bum.

Der Rhythmus meines Pulses,
bum bum, bum bum, bum bum.
Der Rhythmus meines Pulses,
der Rhythmus meines Pulses,
bum bum, bum bum, di bum,
bum bum, bum bum, di bum.

Rhythmus im Raum   ab 7 Jahre

RHYTHMISCHE WIEDERHOLUNGEN IN DER UMGEBUNG

- 🎵 Rhythmus ist ein Teil des täglichen Lebens. Dieses Spiel verstärkt das Verständnis der Kinder für Rhythmus.
- 🎵 Sehen Sie sich gemeinsam die Wände an. Achten Sie auf den Rhythmus der Tapete, der Fensterscheiben oder der Gardinen oder Vorhänge.
- 🎵 Blicken Sie auf den Boden. Erkennen Sie einen Rhythmus im Teppich oder in den Holzdielen?
- 🎵 Sehen Sie an die Decke. Gibt es dort ein rhythmisches Muster?
- 🎵 Auch Kleider haben einen Rhythmus. Sehen Sie sich die Streifen, Blumenmuster, Punkte oder Karos auf Ihrer Kleidung an.

Rhythmus in der Kunst   ab 7 Jahre

RHYTHMUS KÜNSTLERISCH AUSDRÜCKEN

♪ Kinder lernen, indem sie aktiv teilnehmen. Rhythmische Muster künstlerisch darzustellen ist nicht nur ein Weg, den Begriff Rhythmus in seiner Bedeutung zu erfassen. Auf diese Weise werden auch Worte wie Ordnung, Struktur und Disziplin verständlich.

♪ Malen Sie ein einfaches Muster auf ein großes Stück Papier. Nehmen Sie etwas ganz Einfaches wie einen Kreis oder eine Wellenlinie. Bemalen Sie das ganze Blatt mit demselben Muster und weisen Sie darauf hin, dass sich dieselbe Form ständig wiederholt.

♪ Ermuntern Sie die Kinder selbst ein rhythmisches Bild zu malen. Man kann Muster auch bilden, indem man Formen aus Bastelpapier ausschneidet und sie zu Mustern zusammenklebt.

♪ Lassen Sie die Kinder auch mit Knöpfen, Perlen oder Muscheln rhythmische Bilder anfertigen. Auf diese Weise bekommen sie ein dreidimensionales Rhythmusbild, das sie mit den Fingern ertasten können.

Die Wochentage   ab 7 Jahre

LERNEN DER WOCHENTAGE

♪ Alle Wochentage außer dem Donnerstag haben dieselbe Anzahl von Silben.

♪ Klatschen Sie die folgenden Worte vor: Montag, Dienstag, Mittwoch (jeweils zweimal klatschen), Donnerstag (dreimal klatschen), Freitag, Samstag, Sonntag (wieder jeweils zweimal klatschen). Lassen Sie die Kinder diesen Rhythmus nachklatschen.

♪ Hier sind ein paar Variationen für dieses Spiel:

- **Sprechen Sie die Namen der Wochentage und klatschen Sie nur „Donnerstag".**
- **Sagen Sie die Namen der Wochentage mit leiser Stimme und sagen Sie „Donnerstag" ganz laut.**
- **Klatschen Sie die Wochentage und bei „Donnerstag" stampfen Sie mit den Füßen auf den Boden.**
- **Klatschen Sie die Tage und sprechen Sie das Wort „Donnerstag". Stampfen Sie mit den Füßen die Namen der Wochentage auf den Boden und sprechen sie das Wort „Donnerstag" aus.**

Namen-Rhythmus

ab 7 Jahre

ERKENNEN UND VERGLEICHEN VON RHYTHMEN

♪ Sagen Sie den Kindern, dass jeder Name etwas ganz Besonderes ist und dass er einen ganz eigenen Rhythmus hat. Sprechen Sie den Namen eines Kindes und klatschen Sie bei jeder Silbe in die Hände.

    Lena Jansen
    / / / /   (/ bedeutet: „klatschen")

♪ Nun sagen Sie einen anderen Namen und klatschen wiederum bei jeder Silbe in die Hände.

    Susanne Peters
    / / / / /

♪ Jetzt klatschen Sie einen der beiden Namen und fragen die Kinder, ob sie erraten können, welchen Namen Sie gerade geklatscht haben. Dann versuchen Sie dasselbe mit dem anderen Namen und lassen das Kind raten.

♪ Einen Rhythmus zu hören und ihn selbst zu klatschen, das sind zwei ganz unterschiedliche Tätigkeiten. Das Klatschen fällt den Kindern vielleicht noch schwer.

♪ Es ist auch ein schönes Spiel, wenn Sie den ersten Namen mit einem Teil Ihres Körpers klatschen und den zweiten Namen mit einem anderen Körperteil. Klatschen Sie „Lena" mit den Händen und bei „Jansen" stampfen Sie mit den Füßen auf. Fallen Ihnen noch andere Kombinationen ein?

Sprechrhythmus

ab 7 Jahre

VERSTÄNDIGUNG MIT KLANG UND RHYTHMUS

♪ Welche Geräusche kann man mit dem Körper machen?

    Hände: klatschen, schlagen, trommeln
    Füße: aufstampfen, springen

Musik ist: Rhythmus

Finger: schnippen
Stimme: sprechen, singen, summen, stöhnen, bellen, heulen
Mund: pusten, seufzen, schnalzen, pfeifen

- Nehmen Sie einen Reim oder ein Lied, das die Kinder gerne aufsagen oder singen. „Ging ein Weiblein Nüsse schütteln" ist gut geeignet.
- Klatschen Sie bei jeder Silbe in die Hände und sagen Sie dabei die Worte „Ging ein Weiblein Nüsse schütteln, Nüsse schütteln, Nüsse schütteln".
- Helfen Sie den Kindern, wenn sie die nächste Zeile klatschen und sprechen: „Alle Kinder halfen rütteln, halfen rütteln, halfen rütteln."
- Wenn Sie das gemeinsam ein paar Mal gemacht haben, können Sie versuchen zu klatschen und dabei nur den Mund zu bewegen.
- Machen Sie so lange weiter, wie das Spiel den Kindern Spaß macht. Versuchen Sie verschiedene Teile des Körpers einzusetzen.
- So werden bald alle in der Lage sein, das Lied mit verschiedenen Körperteilen auszudrücken.

Ich habe einen Rhythmus   ab 7 Jahre

GENAU HÖREN

- Sagen Sie das folgende Gedicht.

> Ich hab einen Rhythmus,
> hört ihr meinen Rhythmus?

Ich hab einen Rhythmus, versuch es selbst einmal!

♪ Sprechen Sie ein einfaches Wort sechsmal hintereinander in einem gleichmäßigen Rhythmus.

Hand, Hand, Hand, Hand, Hand, Hand

♪ Fordern Sie die Kinder auf das Wort mit Ihnen gemeinsam zu sprechen. Im nächsten Schritt klatschen Sie jedes Mal in die Hände, wenn Sie das Wort sagen, und bitten die Kinder mitzumachen.

Klapp, klapp, klapp, klapp, klapp, klapp

♪ Sagen Sie das Gedicht auf. Wenn Sie sagen „Versuch es selbst einmal!", klatschen Sie sechsmal in die Hände und ermuntern die Kinder es Ihnen nachzumachen.

♪ Drücken Sie den Rhythmus mit Hilfe anderer Körperbewegungen aus: Schnippen Sie mit den Fingern, schnalzen Sie mit der Zunge oder springen Sie in die Luft.

♪ Versuchen Sie auch, den Rhythmus mit Tierlauten wie Hundegebell oder Entengeschnatter wiederzugeben.

Das Betonungsspiel

ab 7 Jahre

GENAU HÖREN

♪ Ein wesentliches Element in der Musik, die Betonung, ist eng mit dem Rhythmus verbunden. Durch sie bekommt die Musik Bedeutung und oft erweckt sie eine bestimmte Stimmung oder untermalt einen Gedanken.

♪ Experimentieren Sie mit den Kindern. Singen Sie ihnen ein bekanntes Lied vor und versuchen Sie dabei, das letzte Wort in jeder Zeile zu betonen. Sie werden feststellen, dass sich dadurch der gesamte Sinn des Liedes verändert oder die Sätze sogar völlig unsinnig werden.

♪ Das Lied „Hänschen klein" würde sich ganz anders anhören, wenn Sie in jeder Zeile das letzte Wort betonten.

♪ Wenn die Kinder schon etwas älter sind, singen Sie ihnen ein Lied vor, das sie kennen, und fragen sie, auf welchen Wörtern die Betonung liegt. Als Faustregel gilt: Bei Liedern ist normalerweise das erste oder zweite Wort betont.

Eins, zwei, drei, Kuh

ab 7 Jahre

RHYTHMISCHE WIEDERHOLUNGEN

- ♪ Mit diesem Spiel sollen Kinder lernen ein Wort genau auf einen Schlag zu sagen. Es ist eine sehr schöne Rhythmusübung.
- ♪ Wählen Sie für dieses Spiel die Namen von Tieren oder von anderen Dingen aus, die den Kindern vertraut sind.
- ♪ Klatschen Sie viermal hintereinander in die Hände und zählen dabei mit:

eins	zwei	drei	vier
klapp	klapp	klapp	klapp

- ♪ Bemühen Sie sich einen ebenmäßigen Rhythmus zu klatschen. Klatschen Sie immer weiter, während Sie bis vier zählen – machen Sie aber zwischen eins und vier keine Pause.
- ♪ Wenn Sie und die Kinder einen gleichmäßigen Rhythmus gefunden haben, ersetzen Sie die Zahl vier durch das Wort „Kuh". Sie klatschen also und sagen dabei „eins, zwei, drei, Kuh".
- ♪ Das Ziel ist es, ständig weiterzuklatschen und auf „vier" jedes Mal einen Tiernamen zu nennen.
- ♪ Falls Sie oder die Kinder einen Schlag verpassen, setzen Sie nicht aus, sondern sagen bei der nächsten Vier einen Tiernamen.

Glockenklang

ab 7 Jahre

RHYTHMISCHER SCHLAG

- ♪ Sagen Sie das Wort „ding" und halten Sie es vier Schläge lang (zählen Sie eins, zwei, drei, vier).
- ♪ Schwingen Sie einen Arm vor und zurück, während Sie bis vier zählen – auf diese Weise zeigen Sie an, wie lange das Wort gehalten werden soll.
- ♪ Lassen Sie es die Kinder nachmachen. Nun wiederholen Sie denselben Vorgang mit dem Wort „dong".
- ♪ Versuchen Sie als Nächstes, zwei Armschwünge lang „ding" zu sagen und zwei Armschwünge lang das Wort „dong". Auch das sollen die Kinder nachmachen.

- Dies ist eine tolle Methode, um Kindern die Anfänge der Rhythmik zu vermitteln. Sie können dieses Spiel auch mit den Vornamen der Kinder spielen.
- Bei dem Namen „Marie" gibt es zum Beispiel zwei Armschwünge für die erste Silbe „Ma" und zwei Armschwünge für die zweite Silbe „rie".
- Wenn der Name (wie „Tim") aus nur einer Silbe besteht, sagen Sie das Wort und halten es vier Armschwünge lang.

> Musik regt den Bereich im Gehirn an, der den Zentren für Mathematik und räumliche Wahrnehmung am nächsten liegt.

Ein Rhythmuskanon

ab 7 Jahre

RHYTHMUSGEFÜHL

- Wählen Sie einen Themenbereich aus, der den Kindern vertraut ist, und tragen Sie mit ihnen gemeinsam Begriffe aus diesem Wortfeld zusammen. Wenn Sie zum Beispiel über das Thema Frühling sprechen, werden sicherlich Worte wie gutes Wetter, Vögel, Gras oder Blumen vorkommen.
- Suchen Sie drei Wörter aus, die im Gespräch erwähnt worden sind, beispielsweise Vögel, Gras und Blumen.
- Nun kann der Rhythmuskanon beginnen. Ein Kanon ist eine Liedform, bei der verschiedene Gruppen verschiedene Teile des Liedes zur gleichen Zeit singen. „Es tönen die Lieder" ist ein gutes Beispiel.
- Teilen Sie die Kinder in drei Gruppen ein. Geben Sie jedem Kind (oder jeder Gruppe, falls mehr als drei Kinder teilnehmen) ein Wort, das jeweils viermal wiederholt werden soll.

> **Vögel, Vögel, Vögel, Vögel**
> **Gras, Gras, Gras, Gras**
> **Blumen, Blumen, Blumen, Blumen**

- Wenn die Kinder ihren Text geübt haben, beginnt der Kanon. Das erste Kind fängt an und sagt „Vögel" viermal hintereinander. Dann sagt es dieses Wort noch einmal viermal hintereinander. Und so geht es immer weiter: Das Kind sagt seinen Text wieder und wieder. Wer einmal angefangen hat, muss immer weitermachen!

- Während das erste Kind das Wort „Vögel" wiederholt, geben Sie dem nächsten Kind seinen Einsatz für das Wort „Gras" und dann kommt das dritte Kind mit seinem Wort „Blumen" an die Reihe.
- Es ist ein Riesenspaß, wenn alle Kinder gleichzeitig rhythmisch ihre Texte sprechen.
- Wenn Sie meinen, dass drei Worte auf einmal zu viel sind, versuchen Sie es mit zwei Worten für zwei Kinder oder Gruppen.

> Musik ist ein Geschenk. Sie wird Ihr Leben reicher machen und immer Ihr Freund sein. Wenn Sie ein Kind hören, das vor dem Einschlafen vor sich hin singt oder eine Melodie summt, während es mit Bauklötzen spielt – dann wissen Sie, dass die Musik auch sein Freund sein wird.

> Musik ist heilsam. Sie kann Kindern helfen sich zu entspannen und sie so in die richtige Stimmung für ruhigere Aktivitäten bringen. Sie kann verletzte Gefühle besänftigen und sie kann Tränen in Lachen verwandeln. Musik kann außerdem ein sehr wirkungsvolles und positives Mittel sein, Kinder zur Ordnung zu rufen, ihre Verhaltensweisen zu beeinflussen und ihre Beziehungen zu anderen Kindern zu fördern.

3 Musik ist: Geräusch, Klang, Ton

Schließen Sie für einen Moment die Augen und lauschen Sie den Klängen um Sie herum. Können Sie sagen, was Sie da hören? Man muss sich gut konzentrieren, nicht wahr? Das Erkennen und Unterscheiden von Klängen sind sehr wichtige Fertigkeiten in der Musik. Das kindliche Gehör entwickelt sich bereits im Mutterleib. Schon im Säuglingsalter konzentrieren sich die Kinder auf die Geräusche, die sie hören. Je älter die Kinder werden, desto stärker entwickelt sich ihre Fähigkeit, Klänge zu erkennen und voneinander zu unterscheiden. Mit Hilfe der Spiele und Aktivitäten in diesem Kapitel wird das Gehör der Kinder geschult. Klänge sollen wahrgenommen und differenziert werden.

Aktivitäten und Spiele rund um Geräusche, Klänge und Töne

Klänge wahrnehmen — ab 5 Jahre
GERÄUSCHE IN DER UMGEBUNG

- Das Bewusstsein für Geräusche und Klänge, die uns umgeben, schafft eine Verbindung zwischen uns und unserer Welt.
- Wind, Sirenengeheul, Hundegebell, Weckerrasseln, Türenschlagen, Autohupen und das Pfeifen von Eisenbahnzügen gehören zu den alltäglichen Geräuschen um uns herum. Können Sie die Liste noch erweitern?
- Versuchen Sie gemeinsam mit den Kindern, einige dieser Geräusche nachzuahmen. Probieren Sie es erst ein paar Mal aus. Dann suchen Sie sich eines der Geräusche aus, das Sie nachmachen, und lassen Sie die Kinder raten, welches Geräusch sie gerade gehört haben.
- Welche anderen Geräusche können sie noch machen? An die Tür klopfen, telefonieren, pfeifen, an die Fensterscheibe trommeln.
- Lassen Sie die Kinder Geräusche vormachen, die die anderen erraten sollen.

Was hörst du? — ab 5 Jahre
GENAU HÖREN

- Diese Spiele lehren Kinder gut zuzuhören und ein Gefühl für Töne und Klangfarben zu entwickeln.
- Füllen Sie eine Reihe von Behältern (Filmdöschen eignen sich sehr gut, man bekommt sie meist umsonst in jedem Fotoladen) mit Murmeln, Sand, kleinen Holzstöcken und anderen Sachen, die leicht zu unterscheidende Klänge erzeugen.

- Füllen Sie jeweils zwei Behälter mit denselben Materialien. Beginnen Sie mit drei Paaren, also zwei Behälter mit Sand, zwei mit Murmeln und zwei mit Holzstöckchen.
- Nun haben Sie ein Geräusche-Memory und die Kinder können versuchen herauszufinden, welche beiden Behälter den gleichen Klang erzeugen.
- Ordnen Sie die Behälter in einer Reihe, vom leisesten zum lautesten Geräusch. Wenn die Kinder sich diese Reihenfolge ein paar Mal angehört haben, stellen Sie die Behälter ganz ungeordnet nebeneinander und bitten Sie ein Kind die ursprüngliche Reihenfolge wiederherzustellen.

Alltagsgeräusche

ab 5 Jahre

GENAU HÖREN

- Nehmen Sie vor dem Spiel ein paar Alltagsgeräusche auf Band auf, wie das Kingeln an der Haustür, das Ticken eines Weckers, das Rauschen eines Wasserstrahls aus dem Wasserhahn und so weiter.
- Spielen Sie den Kindern diese Geräusche vor und bitten Sie sie diese zu benennen.
- Nehmen Sie Geräusche auf, die mit einem bestimmten Ort in Verbindung stehen – die Türglocke, das Klappern auf der Computertastatur, fließendes Wasser.
- Die Kinder sollen nun die einzelnen Geräusche identifizieren und sagen, wo man sie normalerweise hören kann.
- **Tipp:** Solche Alltagsgeräusche finden Sie auch auf der CD „Alltagsgeräusche", die beim Verlag an der Ruhr erschienen ist.

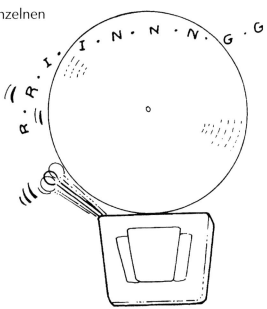

Ein Spaziergang　　　ab 5 Jahre
WECKT AUFMERKSAMKEIT FÜR DIE GERÄUSCHE IN DER UMGEBUNG

- ♪ Wir hören jeden Tag Hunderte von Geräuschen. Viele von ihnen sind sehr leise und undeutlich und oft nehmen wir sie nicht einmal wahr. Dieses Spiel hilft Kindern sich auf die Welt um sie herum einzustimmen.
- ♪ Machen Sie einen Spaziergang mit den Kindern und sagen Sie ihnen, dass Sie alle verschiedene Laute und Geräusche „erhorchen" sollen, zum Beispiel: das Pfeifen des Windes, Hundegebell, Vogelgezwitscher, vorbeifahrende Autos, Gespräche von Vögeln und anderen Tieren untereinander, Gespräche von Leuten, das Summen von Bienen oder anderen Insekten, Rasenmäher.
- ♪ Suchen Sie sich ein Geräusch aus und horchen Sie gemeinsam, ob Sie es im Freien ausmachen können. Wenn es Ihnen gelungen ist, nehmen Sie ein anderes Geräusch, das Sie nun „erhören" wollen.
- ♪ Setzen oder legen Sie sich ins Gras und lauschen Sie der Erde. Sie werden „Erdklänge" und andere Geräusche hören.
- ♪ Gehen Sie über verschiedene Oberflächen und horchen Sie auf die verschiedenen Geräusche, die Sie dabei machen. Ziehen Sie die Schuhe aus und laufen Sie barfuß. Achten Sie darauf, wie sich die Geräusche verändern, je nachdem ob Sie mit Schuhen oder barfuß laufen.

Popcorn　　　ab 5 Jahre
GEFÜHL FÜR KLÄNGE UND GERÄUSCHE

- ♪ Mit Popcorn lässt sich der Gegensatz von Geräusch und Stille, von Lauten und Lautlosigkeit sehr gut demonstrieren.
- ♪ Machen Sie Popcorn und sprechen Sie mit den Kindern darüber, dass es zuerst ganz still ist und dass es immer lauter wird, je mehr Maiskörner aufplatzen.
- ♪ Ein Popcorngerät, bei dem man beobachten kann, was im Innern vor sich geht, ist faszinierend anzusehen – und anzuhören. Sie können aber auch einen normalen Kochtopf mit Glasdeckel verwenden.
- ♪ Spielen Sie Popcorn und machen Sie die Geräusche nach, die Sie gehört haben. Mit einem „pop" fängt es an und am Ende haben Sie jede Menge „pops".

Mundtrompete

ab 5 Jahre

KLÄNGE MIT DEM MUND

♪ Tun Sie so, als würden Sie Trompete spielen. Blasen Sie eine Melodie, die man bei sportlichen Wettkämpfen vor einer Siegerehrung spielt oder mit der man den Auftritt einer wichtigen Persönlichkeit ankündigt. (So etwas nennt man eine Fanfare.)
♪ Helfen Sie den Kindern es Ihnen nachzumachen. Spielen Sie die Fanfare und tun Sie so, als würden Sie verschiedene Leute ankündigen.
♪ Spielen Sie die Fanfare und sagen Sie dann: „Meine Damen und Herren, hier kommt (hier setzen Sie den Namen eines Kindes ein)!"
♪ Sie können den Hausmeister oder die Rektorin auf diese Weise ankündigen.

Das Zahnputzspiel

ab 5 Jahre

ERMUNTERT ZUR KÖRPERPFLEGE

♪ Spielen Sie dieses Spiel mit den Kindern zusammen. Es macht großen Spaß und außerdem bekommen Sie auf diese Weise auch noch saubere Zähne!
♪ Lassen Sie die Kinder ihre Zahnbürsten von zu Hause mitbringen. Wenn sich alle die Zähne putzen, singen Sie den folgenden Vers zu der Melodie von „Froh zu sein bedarf es wenig".

> **Zähne putzen nach dem Essen
> ist ganz wichtig – NICHT VERGESSEN!
> Drei Minuten oder mehr,
> auf und ab und hin und her.**

♪ In der letzten Zeile können Sie die Worte „auf und ab und hin und her" weglassen und stattdessen einfach dem Geräusch der Zahnbürste lauschen.

Körperklänge

ab 6 Jahre
GEFÜHL FÜR KLÄNGE

- Bevor es Klaviere und Gitarren gab, machten die Leute einfach mit ihren Körpern Musik.
- Denken Sie an die verschiedenen Körperteile, mit denen Sie Geräusche machen können.

    Reiben: Handflächen aufeinander, Handflächen auf verschiedenen Oberflächen, Zehen auf dem Boden.
    Schlagen: mit der flachen Hand auf die Brust, auf die Oberschenkel, den Po, den Bauch oder auf harte Oberflächen.
    Schnippen: mit den Fingern.
    Trommeln: mit den Fingerspitzen, den Fingernägeln, den Hacken oder den Zehen auf verschiedene Gegenstände.
    Klatschen: die Handflächen gegeneinander oder gegen die Handfläche eines Partners.
    Geräusche mit dem Mund:
    Zähneklappern, Gurgeln, mit den Lippen schnalzen, mit den Händen auf aufgeblähte Backen schlagen oder der „Backenplop" (wenn Sie einen gekrümmten Finger schnell zwischen den geschlossenen Lippen hervorziehen).

Lippengeblubber

ab 6 Jahre
NUR SO – ZUM SPASS

- Fahren Sie mit einem Zeigefinger von der Oberlippe abwärts auf die Unterlippe. Wiederholen Sie diese Bewegung rasch mehrmals hintereinander und summen Sie gleichzeitig. Dabei entsteht ein blubberndes Geräusch. Lassen Sie es die Kinder nachmachen.
- Sprechen Sie den Kindern das folgende Gedicht vor. Statt „blubbert" zu sagen machen Sie das „Lippengeblubber".

    **Es blubbert die Suppe,
    es blubbert der Brei.**

Musik ist: Geräusch, Klang, Ton

**Im Topf kocht das Wasser
und blubbert dabei.**

🎵 Nun können alle gemeinsam „Lippenblubbern".

Uaaaaaaaaa
ab 6 Jahre
UNTERSCHEIDUNG VON LAUT UND LEISE

🎵 Sagen Sie „uaaaaaaaa" und halten Sie sich dabei abwechselnd die Hand vor den Mund und vom Mund weg. Das können die Kinder leicht nachahmen.

🎵 Bei Blechblasinstrumenten wird oft ein Dämpfer benutzt um diesen Klang zu erzeugen. Der Bläser schiebt abwechselnd einen Dämpfer (die Hand oder einen Kegel aus Holz oder Leichtmetall) in den Schallbecher und zieht ihn wieder hervor.

Flüstern
ab 6 Jahre
KONTROLLE DER EIGENEN STIMME

🎵 Flüstern fällt Kindern oft noch schwer, weil sie noch nicht gelernt haben ihre Stimme zu dämpfen. Ihnen ist oftmals nicht bewusst, wie laut ihre Stimme klingt. Nehmen Sie sich ein paar Minuten Zeit um das Flüstern zu üben.

🎵 Versuchen Sie Tierlaute zu flüstern. Die Kinder werden begeistert sein – es macht wirklich Riesenspaß.

Laut und leise
ab 6 Jahre
WIRKUNG VON LAUT UND LEISE

🎵 Sprechen Sie mit den Kindern über Ohren. Lassen Sie die Kinder die Ohren erforschen. Halten Sie sich mit den Händen die Ohren zu, während Sie reden. Machen Sie die Kinder darauf aufmerksam, dass sie sich selbst anders hören, wenn sie die Hände auf die Ohrmuscheln legen. Lassen Sie die Kinder ausprobieren.

- Sprechen Sie über Tierlaute. Welche Tiere machen laute Geräusche und welche klingen ganz leise? Welche Tiere machen sowohl laute als auch leise Geräusche?
- Ermuntern Sie die Kinder, mit lauter Stimme eine Kuh nachzumachen, mit leiser Stimme eine Ente usw.
- Spielen Sie Musik vor und verändern Sie dabei die Lautstärke, sodass die Musik abwechselnd laut und leise ertönt. Jedes Mal, wenn Sie die Lautstärke ändern, sollen die Kinder angeben, ob sie laute oder leise Musik hören.
- Fordern Sie die Kinder auf andere Tätigkeiten entweder laut oder leise durchzuführen, wie gehen, kauen oder singen.

Geräusche suchen   ab 6 Jahre

GEFÜHL FÜR KLÄNGE

- Bei diesem Spiel kann alles zum Einsatz kommen, von dem man nie dachte, dass man es noch einmal verwenden würde. Sprechen Sie über die verschiedenen Geräusche, die man hören kann, und versuchen Sie Beispiele für diese Geräusche zu finden.
- Witzige, schreckliche, beängstigende Geräusche, Knirschen, Kratzen, Summen, ein Geräusch, das immer wieder aufhört, oder vielleicht ein Geräusch mit metallischem Klang.
- Die Küche ist normalerweise eine wahre Fundgrube für Sachen, mit denen man diese Geräusche erzeugen kann.
- Sehen Sie sich um und wenn Sie einen Gegenstand finden, der eines dieser Geräusche erzeugt, legen Sie ihn auf den Tisch.
- Nehmen Sie den Gegenstand in die Hand, machen Sie das Geräusch und beschreiben Sie es.
- Sammeln Sie ein paar „Geräuschemacher" auf dem Tisch und fordern Sie ein Kind auf den Gegenstand herauszusuchen, der ein Knirschen, ein beängstigendes Geräusch usw. erzeugt.

Musik ist: Geräusch, Klang, Ton

Passende Töne finden

ab 6 Jahre

ERKENNEN GLEICHER TÖNE

- Legen Sie drei Sachen auf den Tisch: einen Block, ein Buch und einen Ball. Wenn Sie Sachen nehmen, die alle mit demselben Buchstaben beginnen, helfen Sie den Kindern zugleich beim Erkennen gleicher Anfangslaute.
- Fragen Sie ein Kind: „Wo ist der Ball?" Das Kind hebt den Ball hoch und antwortet: „Hier ist der Ball." Stellen Sie dieselbe Frage nach dem Block und dem Buch.
- Spielen Sie diese Folge von Fragen und Antworten ein paar Mal durch. Dann fragen Sie wieder nach Ball, Buch und Block, diesmal aber mit verstellter Stimme. Sagen Sie dem Kind, dass es Ihnen in derselben Stimme antworten soll.
- Versuchen Sie es mit lauter und leiser, mit freundlicher und unfreundlicher Stimme, im Flüsterton, halten Sie sich beim Sprechen die Nase zu, sprechen Sie schnell oder langsam.
- Holen Sie ein anderes Kind zu sich und wiederholen Sie das Spiel. Anschließend können je zwei Kinder zusammen spielen.

Tiergesang

ab 6 Jahre

KREATIVITÄT UND DENKEN

- Suchen Sie sich ein beliebtes Lied aus, das Sie mit den Kindern zusammen singen. Zum Beispiel „Alle meine Entchen" oder „Alle Vögel sind schon da".
- Fragen Sie die Kinder, wie eine Kuh dieses Lied singen würde. Singen Sie das Lied noch einmal und sagen Sie dabei „muh" an Stelle der Worte.
- Singen Sie das Lied mit anderen Tierlauten. Versuchen Sie Ihre Stimme wirklich so klingen zu lassen, wie das jeweilige Tier sich anhört. Sagen Sie beim Singen nicht einfach nur das Wort „muh", sondern bemühen Sie sich tatsächlich zu muhen.
- Dieses Spiel macht nicht nur eine Menge Spaß, sondern erfordert von den Kindern auch gründliches Nachdenken und Konzentration.

Hoch und tief

ab 6 Jahre

„HOCH" UND „TIEF" IN DER MUSIK

- 🎵 Musik klingt hoch und tief. Es ist wichtig, dass Kinder verstehen, was diese Begriffe in der Musik bedeuten.
- 🎵 Recken Sie Ihre Arme in die Luft und sagen Sie den Kindern, dass sie Ihre Bewegungen nachmachen sollen.
- 🎵 Sprechen Sie das folgende Gedicht „Hoch hinauf und tief hinab" mit den Kindern zusammen und machen Sie dazu die passenden Bewegungen.

> **Seht, wie meine Hände fliegen:**
> hoch, hoch, hoch hinauf.
> **Seht, wie meine Hände tauchen:**
> tief, tief, tief hinab.
> **Hoch hinauf und tief hinab.**
> **Hoch hinauf und tief hinab.**

- 🎵 Wiederholen Sie das Gedicht mehrmals, setzen Sie aber jedes Mal ein anderes Körperteil ein: Arme, Füße, Ellbogen und Finger.
- 🎵 Recken Sie Ihre Hände ganz hoch in die Luft, „hoch, hoch in den Himmel." Und dann greifen Sie ganz weit hinunter „in das tiefe, tiefe Tal." Sagen Sie den Kindern, dass sie hoch in den Himmel langen sollen, wenn Sie einen hohen Ton singen.
Wenn Sie einen tiefen Ton singen, gehen die Hände hinunter in das tiefe Tal.

Das Lautleisespiel

ab 6 Jahre

GEFÜHL FÜR KLÄNGE

- 🎵 Dieses Spiel ist gut geeignet um Kindern die Begriffe laut und leise nahe zu bringen.
- 🎵 Außerdem können die Kinder auf diese Weise lernen leise zu sprechen, wenn sie darum gebeten werden.
- 🎵 Suchen Sie sich ein Wort aus, das lustig auszusprechen ist, und sagen Sie es immer und immer wieder. Fangen Sie ganz leise an und werden Sie allmählich lauter. Zuerst machen Sie es vor und dann lassen Sie es die Kinder Ihnen nachmachen.
- 🎵 Beliebte Wörter bei Kindern sind: Eis, Spagetti, Makkaroni und Pizza.

♪ Wenn Sie anfangen das Wort leise zu sprechen, lassen Sie Ihre Arme einfach seitlich herunterhängen. Wenn Sie lauter werden, heben Sie die Arme allmählich immer höher.
♪ Sagen Sie das Wort ganz laut und halten dabei die Arme über den Kopf. Dann senken Sie sie langsam wieder, während Ihre Stimme leiser wird.
♪ Die Kinder sollen es Ihnen nachmachen.

Echos

ab 6 Jahre

NACHAHMEN

♪ Ein Echo ist ein Laut oder ein Ton, der auf eine Wand trifft und von dort zurückgeworfen wird. In den Bergen prallt der Ton auf eine Felswand und kommt von dort wieder zurück.
♪ Stellen Sie sich vor Sie seien ein Berg. Sagen Sie den Kindern, dass jedes Wort, das sie sagen, von Ihnen zurückprallt.
♪ Bitten Sie ein Kind, mit lauter Stimme „Hallo!" zu rufen.
♪ Sie werfen das Wort zu ihm zurück.
♪ Ermuntern Sie das Kind, das Wort „Hallo" immer wieder ganz unterschiedlich auszusprechen: leise, schnell, langsam, im Flüsterton usw. Jedes Mal geben Sie das Wort zurück.
♪ Wechseln Sie die Rollen und lassen Sie das Kind das Echo spielen. Anschließend können die Kinder zu zweit Echo spielen.

Stille

ab 6 Jahre

GENAU HÖREN

♪ In der Musik ist es wichtig, zwischen Klang und Stille unterscheiden zu können: Die Pausen (Stille) sind ebenso wichtig wie die Töne.
Das folgende Spiel (und seine Variationen) hilft auf vergnügliche Weise diese wesentliche Fertigkeit zu erlernen.

- Spielen Sie eine Aufnahme von einer Kassette oder einer CD ab. Während die Musik spielt, gehen Sie auf Zehenspitzen durch den Raum. Sobald die Musik verstummt, bewegen Sie sich nicht mehr und erstarren in der Haltung, in der Sie gerade sind.
- Das Spiel macht besonders deshalb Spaß, weil die Mitspieler nie wissen, wann die Musik aufhört. Erinnern Sie die Teilnehmer daran, dass „Musik" „auf Zehenspitzen gehen" und „keine Musik" „Stillstand" bedeutet.
- Sie können das Spiel auch so abwandeln, dass Sie singen oder ein Rhythmusinstrument spielen, während die Kinder durch den Raum gehen.
- Ich habe die Erfahrung gemacht, dass Kinder besonderen Spaß am „Einfrieren" haben. Dies ist auch ein nützliches Wort, wenn Sie versuchen eine laute Gruppe von Kindern zur Ruhe zu bringen.

Eine Minute Stille   ab 6 Jahre
GENAU HÖREN

- Setzen Sie sich mit den Kindern in eine gemütliche Ecke. Sagen Sie ihnen, dass sie alle eine Minute lang still sein sollen.
- Schlagen Sie ihnen vor, dass sie die Augen schließen und auf die Geräusche hören, die sie umgeben: Geräusche im Haus, Geräusche auf der Straße, Geräusche im Körper.
- Unterhalten Sie sich über die Geräusche, die sie gehört haben und fragen Sie:

    Waren es laute oder leise Geräusche?
    Klangen sie hoch oder tief?
    Klangen sie nah oder weit entfernt?

- Mit solchen Spielen lernen Kinder Ruhezeiten und Stille zu schätzen und beginnen die Bedeutung von Pausen (Stille) in der Musik zu verstehen.

Geräusche raten   ab 6 Jahre
GENAU HÖREN

- Bei diesem Spiel lernen Kinder Geräusche voneinander zu unterscheiden und zu beschreiben, wo sich etwas befindet.
- Sagen Sie den Kindern, dass Sie in einen anderen Teil des Zimmers gehen und dort ein Geräusch machen.

- Sagen Sie ihnen, dass sie sich die Augen zuhalten sollen. Wenn sie ein Geräusch hören (Glockenklang, Trommelschlag, Singen, Klatschen, zwei Gabeln, die aufeinander schlagen), sollen sie versuchen zu beschreiben, wo Sie sich befinden.
- Versuchen Sie die Kinder dazu zu bringen, dass sie solche Wörter wie „hinter", „in der Nähe", „weit weg", „oben", „unten" und „an der Seite" verwenden. Besprechen Sie diese Wörter, bevor Sie das Spiel beginnen.
- Wenn Sie das Spiel ein paar Mal gespielt haben, wechseln Sie die Rollen. Nun macht ein Kind die Geräusche und die anderen raten, wo es sich befindet.

Wo ist die Musik?   ab 6 Jahre

GEFÜHL FÜR KLÄNGE

- Sagen Sie den Kindern, dass sie sich die Augen zuhalten sollen, während Sie irgendwo im Raum eine Spieluhr verstecken.
- Ziehen Sie die Spieluhr auf und fragen Sie ein Kind: „Was meinst du, wo die Musik herkommt?"
- Das Kind kann auf die Geräuschquelle zugehen oder Ihnen sagen, was es denkt.
- Tauschen Sie die Rollen. Lassen Sie ein Kind die Spieluhr verstecken, sodass die anderen raten müssen, wo die Musik ist.

Signale   ab 6 Jahre

GENAU HÖREN

- Suchen Sie sich gemeinsam mit den Kindern zwei Geräusche aus. Das eine könnte Klatschen sein, das andere Husten.
- Jedes Mal, wenn Sie in die Hände klatschen, setzten sich alle hin. Jedes Mal, wenn Sie husten, müssen alle auf einem Fuß umherhüpfen.
- Es macht großen Spaß, das einen Tag lang auszuprobieren. Denken Sie sich noch andere Geräusche aus, die Sie als Signale für bestimmte Bewegungen oder Tätigkeiten verwenden können. Gleichzeitig trainieren die Kinder ihr Gehör.

Regen

ab 6 Jahre

GENAU HÖREN

♪ Spielen Sie den Kindern Regenlieder vor oder singen Sie „Es regnet, es regnet" oder „Es regnet auf der Brücke".

♪ Sagen Sie das folgende Gedicht und lassen Sie die Kinder jede Zeile nachsprechen.

> Der Regen, der Regen – der Regen, der Regen,
> Der trommelt auf das Dach – der trommelt auf das Dach
> Bum bum, bum bum – bum bum, bum bum
> Ich werde davon wach – ich werde davon wach.
>
> Der Regen, der Regen – der Regen, der Regen
> Der nieselt mir auf's Haar – der nieselt mir auf's Haar
> Pling pling, pling pling – pling pling, pling pling
> Klingt das nicht wunderbar – klingt das nicht wunderbar?
>
> Der Regen, der Regen – der Regen, der Regen
> Der tröpfelt in das Gras – der tröpfelt in das Gras
> Plitsch platsch, plitsch platsch – plitsch platsch, plitsch platsch
> Und macht die Blumen nass – und macht die Blumen nass.

♪ Spielen Sie das Regenspiel und machen Sie dazu alle Regengeräusche.

> Plitsch platsch: Klopfen Sie sich sachte mit den Händen auf die Knie.
> Der Regen wird lauter: Schlagen Sie sich fester und schneller auf die Knie.
> Donner: Bewegen Sie weiterhin die Hände und stampfen Sie gleichzeitig mit den Füßen.
> Blitz: Klatschen Sie kurz und heftig in die Hände um ein Geräusch wie einen Knall zu erzeugen.

♪ Nun sagen Sie den Vers noch einmal auf.

Vibrationen

ab 6 Jahre

SCHWINGUNGEN FÜHLEN

♪ Klang entsteht durch Schwingungen in der Luft. Diese Schwingungen nennt man Vibrationen.

Musik ist: Geräusch, Klang, Ton

♪ So können Sie Vibrationen spüren:

- Lassen Sie die Kinder sich die Hand auf die Kehle legen und dabei summen. Können sie fühlen, wie ihre Kehle vibriert?
- Die Kinder sollen sich nun eine Hand so vor den Mund halten, dass die Handfläche ungefähr drei Zentimeter von den Lippen entfernt ist. Nun pusten. Sie hören dabei einen leisen, aber deutlichen Ton. Jetzt fahren sie mit dem Zeigefinger der anderen Hand durch den Luftstrom.
- Hören die Kinder, wie sich der Ton verändert?
- Die Kinder bilden Dreiergruppen. Sie zerschneiden ein Gummiband so, dass es wie ein gerader Gummistreifen flach vor ihnen liegt. Zwei Leute packen je ein Ende des Gummis und dehnen es so weit, bis es ziemlich gespannt ist. Ein Dritter zupft nun daran und erzeugt so einen Ton. Je stärker das Gummiband gedehnt wird, desto höher wird der Ton. Man muss allerdings vorsichtig sein, dass man nicht zu sehr an dem Gummi zerrt, weil es sonst reißen und jemanden verletzen kann. Der Ton wird tiefer, je lockerer das Band gehalten wird.

♪ Sehen Sie sich nach anderen Sachen um, die vibrieren. Viele Küchengeräte eignen sich als Beispiele: Klimaanlagen, Haartrockner, Kühlschränke und Heizungsanlagen.

♪ Sprechen Sie das folgende Gedicht:

> Die Luft vibriert, sie bebt und schwingt,
> und das erzeugt die Klänge.
> Horch ganz genau, dann hörst du sie,
> die schönen Luftgesänge.

Spaß mit Tönen

ab 6 Jahre

GEFÜHL FÜR TÖNE

♪ Spielen Sie Musik von einer Kassette oder einer CD. Die Kinder bewegen sich zum Rhythmus der Musik durch den Raum. Sie können dazu auch in die Hände klatschen, mit der Zunge schnalzen oder mit den Füßen stampfen.

♪ Zeichnen Sie den Rhythmus eines Liedes auf ein Blatt Papier. Ein langsamer Rhythmus ergibt vielleicht eine weiche Wellenlinie. Bei schnellen Rhythmen malen Sie dagegen möglicherweise dunkle, kräftigere Linien.

Lassen Sie die Kinder die Wellen in der Luft nachzeichnen. Wie würden die Linien aussehen, wenn sie sich Marschmusik anhörten?
- Zeigen Sie den Kindern, wie man mit der Zunge schnalzt. Singen Sie ein Lied und die Kinder machen dazu ihr Schnalzen. Dieses Geräusch klingt ähnlich wie Maracas (hohle Kürbisse, die mit Samenkörnern gefüllt sind).
- Singen Sie einen Teil eines Liedes laut und einen anderen leise. „Dornröschen war ein schönes Kind" und „Alle meine Entchen" sind beide gut für einen solchen Wechsel von laut und leise geeignet. Singen Sie den ersten Teil laut und den zweiten leise oder umgekehrt.
- Machen Sie Geräusche mit dem Körper. Stampfen Sie mit den Füßen auf den Boden, schnippen Sie mit den Fingern, schnalzen Sie mit der Zunge. Die Kinder halten sich dabei die Augen zu und versuchen zu raten, welches Geräusch Sie machen.
- Tauschen Sie die Rollen und lassen Sie nun ein Kind Geräusche vormachen, die die anderen erraten müssen.

Geräusche unterscheiden   ab 7 Jahre
UNTERSCHEIDUNG VON GERÄUSCHEN

- Zwei Kinder stellen sich mit dem Rücken zur Klasse. Beide Kinder denken sich einen Tierlaut aus, den sie nachmachen können.
- Während sie der Klasse den Rücken zukehren, machen sie beide gleichzeitig ihre Tierlaute.
- Die anderen Kinder raten, welche Tierlaute sie hören.
  Bei diesem Spiel muss man sich gut konzentrieren und es macht Kindern großen Spaß.
- Versuchen Sie es auch mit Verkehrsgeräuschen – Autos, Flugzeugen, Feuerwehrwagen, Zügen oder Motorrädern.

Ohren spitzen   ab 7 Jahre
GENAU HÖREN

- Spielen Sie den Kindern ein kurzes Musikstück vor.
  Sprechen Sie darüber, worauf man achten kann: leise Töne, hohe Töne, tiefe Töne, fröhliche Töne. Jedes Kind wählt einen Aspekt aus.

- Spielen Sie die Musik ab und am Ende fragen Sie die Kinder, welche Art von Tönen sie gehört haben.
- Die Kinder berichten nacheinander, was sie gehört haben. Fragen Sie die Gruppe, welches Kind beim nächsten Durchgang eine andere Art von Ton zum „Erlauschen" haben möchte.
- Wenn alle sich einen Ton ausgesucht haben, spielen Sie die Musik noch einmal ab.
- Je öfter die Kinder auf unterschiedliche Töne achten, desto besser werden ihre Fähigkeiten zuzuhören.

> Tierstimmen sind leicht nachzuahmen und für Kinder ist es viel einfacher, einen oder zwei Laute zu formen als einen ganzen Satz. Außerdem sind Tierlaute lustig und sehr musikalisch.

Schlauchgesang

ab 7 Jahre
ÜBUNG ZU KLÄNGEN

- Für dieses Spiel brauchen Sie biegsame Schläuche, die lang genug sind um mit einem Ende an den Mund und mit dem anderen Ende ans Ohr zu reichen.
- Zeigen Sie den Kindern, wie man in den Schlauch hineinsingt und mit dem Ohr die eigene Stimme hört.
- Geben Sie einem Kind den Schlauch, halten Sie ein Ende an Ihren Mund und das andere an sein Ohr.
- Erst sprechen oder singen Sie (leise) in den Schlauch hinein. Fragen Sie das Kind, was es hört.
- Nun hält sich das Kind den Schlauch vor den Mund. Kann es seine eigene Stimme erkennen?
- Sorgen Sie dafür, dass alle Kinder es einmal ausprobieren können.

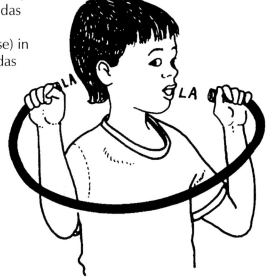

Hohe und tiefe Töne ab 7 Jahre

GENAU HÖREN

- 🎵 Kinder haben manchmal Schwierigkeiten mit den Begriffen hoch und tief in der Musik. Sie verwechseln sie oft mit laut und leise.
- 🎵 Hier sind einige Spiele, die beim Verständnis von hohen und tiefen Tönen helfen sollen.
- 🎵 Nehmen Sie einen leichten, wehenden Gegenstand wie einen Schal und sehen Sie zu, wie er zu Boden schwebt. Er fällt langsam von oben nach unten. Fordern Sie die Kinder dazu auf, sich wie der Schal zu bewegen und sachte zu Boden fallen zu lassen.
- 🎵 Nehmen Sie zwei Wassergläser, ein großes und ein kleines. Klopfen Sie vorsichtig an jedes Glas. Helfen Sie den Kindern zwischen den beiden Klängen zu unterscheiden.
- 🎵 Singen Sie die C-Dur-Grundtonleiter von unten nach oben: C D E F G A H C (oder do, re, mi, fa, so, la, ti, do). Halten Sie Ihre Hände zuerst an die Zehen. Je höher Sie auf der Tonleiter klettern, desto höher recken sich Ihre Hände in die Luft. Dann singen Sie die Tonleiter von oben nach unten und bewegen dabei Ihre Hände abwärts, bis sie wieder bei den Zehen angelangt sind.
- 🎵 Nun sollen die Kinder es nachmachen.

Verschiedene Stimmen ab 7 Jahre

GENAU HÖREN

- 🎵 Haben Sie schon einmal darüber nachgedacht, auf wie viele Arten Sie Ihre Stimme verändern können? Den Klang der Stimme und den Sprechrhythmus zu variieren ist sehr hilfreich, wenn man ein Bewusstsein für verschiedene Klänge schaffen will.
- 🎵 Suchen Sie sich ein Wort oder einen Satz aus, der lustig auszusprechen ist. „Schokoladeneis" ist besonders beliebt.
- 🎵 Hier sind ein paar Vorschläge, wie Sie das Wort aussprechen können:

    - die Nase zuhalten
    - die Hände wie einen Trichter um den Mund formen

- laut und leise
- schnell und langsam
- die Lippen spitzen
- sich die Hand über den Mund halten

♪ Üben Sie mit den Kindern erst das Wort „Schokoladeneis" und sprechen Sie es in vielen verschiedenen Stimmlagen aus. Dann nehmen Sie ein anderes Wort und sagen es auf andere Weise.

♪ Wenn den Kindern das Spiel gefällt, dehnen Sie es auf kurze Sätze aus, die Sie unterschiedlich aussprechen.

Natur-Instrumente

ab 7 Jahre

KREATIVITÄT

♪ Machen Sie gemeinsam mit den Kindern einen Spaziergang im Freien und regen Sie sie an, aus Gegenständen, die Sie unterwegs finden, ein Instrument herzustellen.

♪ Eine Astgabel, an der man Gummibänder befestigt, ergibt eine schöne Harfe. Wenn Sie zwei Grashalme zwischen die Daumen nehmen und darauf blasen, entsteht ein vibrierender Klang wie bei einer Trillerpfeife.

♪ Vielleicht können Sie ein Natur-Orchester zusammenstellen.

Das Papierspiel

ab 7 Jahre

GEFÜHL FÜR KLÄNGE

♪ Mit Papier kann man viele Klänge erzeugen. Man kann es zerknittern, zerreißen, damit herumwedeln, es zerschneiden, sich damit Luft zufächeln, mit den Fingern darüber fahren und es flattern lassen, wenn man es in die Luft hält. (Auf diese Weise kann man außerdem gebrauchtes Papier gut wieder verwerten.)

♪ Suchen Sie sich ein bekanntes Lied aus, wie „Mein Hut, der hat drei Ecken", und am Ende jeder Zeile machen Sie ein Papiergeräusch.

Mein Hut, der hat drei Ecken, (Papier knittern)
drei Ecken hat mein Hut, (Papier knittern)

Musik ist: Geräusch, Klang, Ton

und hätt er nicht drei Ecken, (Papier knittern)
so wär es nicht mein Hut. (Papier knittern)

- 🎵 Singen Sie das Lied noch einmal, aber nun machen Sie am Zeilenende ein anderes Geräusch.
- 🎵 Sie können mit Papier noch ein weiteres Spiel spielen. Wählen Sie zwei Papiergeräusche aus, zum Beispiel Reißen und Knittern. Wiederholen Sie die Geräusche mehrmals hintereinander, sodass sich die Kinder damit vertraut machen können.
- 🎵 Im nächsten Schritt halten sich die Kinder die Hände vor die Augen, während Sie die Papiergeräusche machen. Die Kinder raten, welches Geräusch Sie gerade machen.

Küchenmusik

ab 7 Jahre

GENAU HÖREN

- 🎵 Bei diesem Spiel kommen alle möglichen Gerätschaften aus der Küche zum Einsatz. Legen Sie einen Schneebesen, ein Sieb, Löffel, Töpfe und Pfannen auf den Tisch.
- 🎵 Nehmen Sie eines nach dem anderen in die Hand und machen Sie ein Geräusch damit. Fahren Sie mit dem Schneebesen über die Tischplatte, schlagen Sie mit einem Löffel auf einen Topf usw. Lassen Sie die Kinder mitmachen.
- 🎵 Dann sagen Sie das folgende Gedicht auf und machen dazu ein Geräusch mit einem der Gegenstände auf dem Tisch. Die Kinder versuchen mit geschlossenen Augen zu raten, welchen Gegenstand Sie gerade benutzen.

Hier ist etwas aus der Küche,
und ich mach' Musik damit.
Kannst du raten, was es ist?

Hier ist etwas aus der Küche,
und ich mach' Musik damit.
Eins, zwei, drei, sag mir, was es ist.

- 🎵 Stellen Sie eine Küchenkapelle zusammen. Singen Sie mit den Kindern gemeinsam ein Lied und spielen Sie als Begleitung eine Melodie mit Ihren Kücheninstrumenten.
- 🎵 Sie können natürlich auch ein Lied von einer Kassette/CD begleiten.

Dies ist mein Wort

ab 7 Jahre

GENAU HÖREN

- Bei diesem Musikspiel müssen die Kinder Wörter aus einem Gedicht oder einem Lied heraushören.
- Suchen Sie ein besonderes Wort aus. Bei jüngeren Kindern wählen Sie ein Wort, das häufig in dem Gedicht oder Lied vorkommt. Wenn die Kinder etwas älter sind, kann es ruhig ein selteneres Wort sein. Sie können die Kinder das Wort auch selbst wählen lassen.
- Sagen Sie den Kindern, welches Wort Sie ausgesucht haben. Erklären Sie ihnen, dass sie jedes Mal mit den Händen winken sollen, wenn sie das besondere Wort hören.
- Nehmen Sie ein Lied oder ein Gedicht, in dem dasselbe Wort mehr als einmal vorkommt. Hier sind einige Vorschläge: „Jetzt fahrn wir über'n See", „Mein Hut, der hat drei Ecken", „Dornröschen war ein schönes Kind" und „Grün, grün, grün sind alle meine Kleider".
- Denken Sie sich auch andere Bewegungen aus, mit denen die Kinder anzeigen, dass sie das Wort gehört haben: auf- und abspringen, mit den Fingern wackeln, den Kopf schütteln.
- Bei einer Abwandlung dieses Spiels müssen die Kinder Wörter heraushören, die mit demselben Laut beginnen.

Den Rhythmus hören

ab 7 Jahre

GENAU HÖREN

- In diesem Spiel wird Rhythmus eingesetzt um sich eine bestimmte Reihenfolge zu merken und das Gedächtnis zu trainieren.
  Sagen Sie den Kindern, dass Sie ihnen einen Satz vorsprechen werden und dabei Geräusche mit Ihrem Körper machen.
- Sagen Sie:

    Ich heiße Isabell und ich kann husten, husten, husten.
    (Husten Sie anstatt das Wort zu sagen.)

- Ermuntern Sie die Kinder es Ihnen nachzumachen. Wiederholen Sie den Satz und setzen Sie dabei den Vornamen eines Kindes ein.
- Fügen Sie Ihrem Satz nun ein weiteres Körpergeräusch hinzu.

Ich heiße Isabell und ich kann husten, husten, husten und springen, springen, springen.
(Husten und springen Sie anstatt die Worte zu sagen.)

♪ Denken Sie sich immer mehr Körpergeräusche aus.
Hier sind einige Vorschläge für weitere Körpergeräusche und Bewegungen:
- mit dem Kopf wackeln
- schniefen
- mit den Fingern schnippen
- pfeifen
- in die Hände klatschen
- mit den Füßen stampfen
- mit den Armen wedeln

Plusterbacken

ab 7 Jahre

KÖRPERKOORDINATION UND ZAHLEN

♪ Plustern Sie die Wangen auf. Halten Sie dabei den Mund geschlossen. Wenn Ihre Wangen ganz prall mit Luft gefüllt sind, schlagen Sie mit beiden Handflächen darauf.

♪ Versuchen Sie das Lied „Es klappert die Mühle am rauschenden Bach" zu singen oder lassen Sie es von Kassette/CD abspielen. Anstatt die Worte „klipp, klapp" zu singen lassen Sie dreimal hintereinander Ihre Wangen „explodieren" und singen den restlichen Text.

♪ Nun sollen die Kinder gemeinsam mit Ihnen singen und die Wangen explodieren lassen.

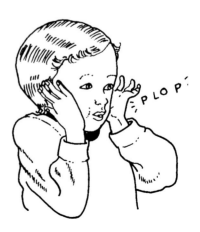

Plusterbacken für Fortgeschrittene

ab 7 Jahre

GENAU HÖREN

- Machen Sie den Kindern das „Ploppen" zunächst vor. Vielleicht gibt es auch ein Kind in der Klasse, das es schon kann und vormachen möchte.
- Stecken Sie sich den Zeigefinger in den Mund. Legen Sie ihn auf die Innenseite der Wange und schließen Sie Ihre Lippen leicht darum. Ziehen Sie den Zeigefinger nun rasch aus dem Mundwinkel hervor. Dabei hören Sie ein „Plopp." Nun sollen die Kinder es ausprobieren.
- Sprechen Sie das folgende Gedicht. Beim zweiten Mal machen Sie jedes Mal, wenn Sie das Wort „Pop" hören, das Geräusch mit dem Zeigefinger.

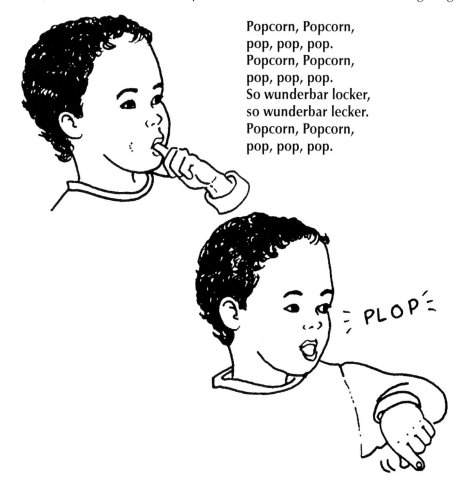

Popcorn, Popcorn,
pop, pop, pop.
Popcorn, Popcorn,
pop, pop, pop.
So wunderbar locker,
so wunderbar lecker.
Popcorn, Popcorn,
pop, pop, pop.

Als ich letztens im Supermarkt in der Kassenschlange stand, spielte ein Vater vor mir ein Spiel mit seinem Kind. „Wie macht das Pferd?", fragte der Vater. Das Kind wieherte. „Und wie macht die Kuh?", fragte der Vater. „Muh!", antwortete das Kind. Kommt Ihnen das bekannt vor? Haben Sie sich schon einmal gefragt, was kleine Kinder an Tieren und Insekten so faszinierend finden und warum sie Kühe, Hunde, Bienen und besonders Schweine so gerne nachmachen?

Musik ist angeboren, sagt Dr. Mark Tramo, ein Neurobiologe an der Harvard Medical School. Babys hören und erkennen Klänge und Geräusche schon im Mutterleib. Zahlreiche Studien zeigen, dass ein Neugeborenes die Stimme seiner Mutter von anderen Stimmen unterscheiden kann. Bereits bei der Geburt hat es eine Vorliebe für die Musik, die die Mutter in der Schwangerschaft gehört hat.

4 Musik ist: Sprache

Seit 19 Jahren gebe ich gemeinsam Musikunterricht für Kinder und Eltern. Schon nach zwei Wochen zeigen die Kinder erstaunliche Fortschritte in ihrer sprachlichen Entwicklung. Woher ich das weiß? Die Eltern erzählen es mir. Selbst Säuglinge erkennen Wörter, Klänge, Rhythmen, Töne und verschiedene Tonhöhen lange bevor sie sprechen, singen oder tanzen können. Die Musik bringt ihnen den Rhythmus der Sprache nahe. Wenn Sie singen, ordnen Sie Vokale und Konsonanten in einem rhythmischen Muster an, das die sprachlichen Fertigkeiten fördert. Je mehr Kontakt die Kinder mit Musik haben, umso wahrscheinlicher ist es, dass sie gut lesen und sprechen lernen werden.

Aktivitäten und Spiele rund um Sprache

Der Erste sagt ...   ab 5 Jahre
KREATIVITÄT

🎵 Fingerspiele sind bei jüngeren Kindern besonders beliebt. Lassen Sie Ihre Fantasie spielen und sprechen Sie das Gedicht in einer anderen Stimmlage für jeden Finger.

> **Der Erste sagt: „Wenn's regnet, da werd' ich nass."**
> (mit weinerlicher Stimme)
> **Der Zweite sagt: „Wenn's regnet, macht's keinen Spaß."**
> (mit ärgerlicher Stimme)
> **Der Dritte sagt: „Wenn's regnet, geh ich nicht raus."**
> (mit maulender Stimme)
> **Der Vierte sagt: „Wenn's regnet, bleib ich zu Haus."**
> (mit entschlossener Stimme)
> **Doch der Kleine, dem ist das zu dumm,**
> **der stapft ganz laut in den Pfützen herum.**
> (mit fröhlicher Stimme)

🎵 Wenn Sie das Fingerspiel ein paar Mal vorgemacht haben, werden es Ihnen die Kinder mühelos nachmachen.

Bekanntmachungen   ab 5 Jahre
KREATIVITÄT

🎵 Bringen Sie den Kindern bei, wie man Ankündigungen singt. Anstatt zu sagen „Zeit zum Frühstücken!" kann man es doch genauso gut auch singen, oder?

🎵 Denken Sie einmal gemeinsam darüber nach, welche Ankündigungen Sie im Laufe eines Tages singen können.

Zeit die Schuhe anzuziehen!
Mittagessen ist fertig!
Jetzt gehen wir nach draußen.
Heute turnen wir.
Und so weiter …

Brüderchen, komm tanz mit mir

ab 5 Jahre

SPRACHLICHE ENTWICKLUNG

🎵 Dieses Spiel trainiert viele verschiedene Fertigkeiten: das Hören, den Spracherwerb und die Konzentration. Lernen Sie zuerst mit den Kindern das Lied auswendig und fügen Sie dann die Bewegungen hinzu. Statt zu singen können Sie das Lied auch rhythmisch sprechen.

Brüderchen, komm tanz mit mir,
(auffordernd mit den Händen winken)
beide Hände reich ich dir.
(beide Hände ausstrecken)
Einmal hin,
(ausgestreckte Arme nach rechts schwingen)
einmal her,
(ausgestreckte Hände nach links schwingen)
rundherum, das ist nicht schwer.
(sich einmal um die eigene Achse drehen)
Mit dem Köpfchen: nick, nick, nick,
(dreimal mit dem Kopf nicken)
mit dem Fingerchen: tick, tick, tick.
(dreimal mit dem Finger in die Luft tippen)
Einmal hin,
(ausgestreckte Arme nach rechts schwingen)
einmal her,
(ausgestreckte Hände nach links schwingen)
rundherum, das ist nicht schwer.
(sich einmal um die eigene Achse drehen)

🎵 Wenn alle mit dem Text vertraut sind, wird es immer wieder auf verschiedene Art gesungen. Die Bewegungen bleiben jedoch gleich, egal wie das Lied gesungen wird. Hier sind ein paar Vorschläge:

La, la, la
summen
pfeifen
Anfangslaute – ga, ga; da, da; ta, ta;
oder der Anfangslaut Ihres Namens oder der eines Kindes.

🎵 Lassen Sie den Gesang weg und führen Sie nur die Bewegungen aus – Sie werden erstaunt sein, wie ruhig die Kinder dabei sind!

Gebt mir ein „T"!
ab 5 Jahre
ERSTE SCHRITTE ZUM LESENLERNEN

🎵 Versuchen Sie bekannte Wörter oder Namen mit diesen Anfeuerungsrufen zu buchstabieren, die Sie (und die Kinder) vielleicht von Sportveranstaltungen kennen.

🎵 Beginnen Sie mit dem Namen Ihres Kindes. Sagen Sie jeden einzelnen Buchstaben und klatschen Sie dabei in die Hände.

Gebt mir ein T! (klapp, klapp)
Gebt mir ein O! (klapp, klapp)
Gebt mir ein M! (klapp, klapp)
Was heißt das? (Alle rufen:) „TOM!"

🎵 Anschließend springen alle auf und ab und rufen „Jaaaa!"

Spiele mit Sprechgesang
ab 5 Jahre
LESEN LERNEN

🎵 Rhythmischer Sprechgesang oder „Singsang" ist ein wichtiger Teil der musikalischen Entwicklung eines Kindes. Die Anordnung der Wörter wird betont und gleichzeitig entwickelt das Kind ein Gefühl für Rhythmus und Reime.

🎵 Kinder mögen sich ständig wiederholende Wörter, Klänge oder Silben. Nehmen Sie ein Gedicht, das einen klaren Rhythmus hat und ein Kind anspricht. Hier ist ein Beispiel.

> **Morgens früh um sechse,**
> **kommt die alte Hexe.**
> **Morgens früh um sieben,**
> **schabt sie gelbe Rüben.**
> **Morgens früh um acht,**
> **wird Kaffee gemacht.**
> **Morgens früh um neun,**
> **geht sie in die Scheun.**
> **Morgens früh um zehn,**
> **holt sie Holz und Spän.**
> **Feuert an um elf,**
> **kocht dann bis um zwölf,**
> **Fröschebein und Krebs und Fisch,**
> **Kinder, hurtig kommt zu Tisch!**
>
> *Johanna Sengler*
> © Middelhauve Verlags GmbH,
> München für Parabel Verlag

🎵 Fügen Sie Körpergeräusche hinzu wie Klatschen, Fingerschnippen oder Rhythmusinstrumente wie Trommeln oder Klangstöcke, um dem Reim eine weitere Dimension zu geben.

🎵 Erfinden Sie gemeinsam eigene Reime. Dabei können Ihnen bekannte Verse als „Sprungbrett" dienen.

> **Abends spät um zehne,**
> **reck ich mich und gähne.**
> **In der Nacht um zweie,**
> **macht das Kind Geschreie.**

Singsang

ab 5 Jahre

SPRACHENTWICKLUNG

🎵 Wählen Sie etwas aus, was die Kinder gerne machen, wie malen oder mit Bauklötzen spielen.

🎵 Erfinden Sie einen rhythmischen „Singsang"-Vers über eine der Lieblingsbeschäftigungen.

Hoch und höher wird der Turm
aus lauter bunten Steinen,
aus flachen, runden, großen Klötzen
und aus vielen kleinen.

- Sprechen Sie den Vers dreimal hintereinander, zuerst mit Ihrer normalen Stimme, dann mit sehr lauter Stimme und dann ganz leise.
- Sie können auch den Klang Ihrer Stimme verändern – hoch, tief, traurig, glücklich, ärgerlich und so weiter.
- Nun sollen es die Kinder ausprobieren.

Das magische Wort   ab 5 Jahre
GENAU HÖREN

- Suchen Sie sich ein besonders beliebtes Lied aus. Sagen Sie den Kindern, dass sie jedes Mal in die Hände klatschen sollen, wenn sie ein bestimmtes Wort hören.
- Wenn Sie zum Beispiel das Lied „Mein Hut, der hat drei Ecken" wählen, klatschen Sie jedes Mal, wenn Sie das Wort „Hut" hören.
- Sie können auch andere Bewegungen oder Geräusche machen, wenn das Wort „Hut" auftaucht: hinsetzen, mit den Füßen stampfen, den Platz wechseln oder auf- und abspringen.

Refrainlieder   ab 6 Jahre
KOGNITIVE FÄHIGKEITEN

- Refrainlieder oder Merklieder und -gedichte sind besonders geeignet Kindern den Weg zum Lesen oder zu anderen Kulturtechniken zu ebnen.
- Die Mathematik arbeitet mit Folgen, die Geschichte berichtet über die Abfolge von Ereignissen und die Entwicklung des Gedächtnisses wird durch Aneinanderreihungen gefördert.

🎵 Lieder, bei denen bestimmte Teile ständig wiederholt werden, nennt man Refrainlieder. Mit „Merkliedern und -gedichten" sind solche Lieder und Gedichte gemeint, die immer wieder zum Anfang zurückgehen.

- **Hab 'ne Tante in Marokko**
- **Ich ging einmal spazieren**
- **Alouette, gentille Alouette**
- **Auf, auf zum fröhlichen Jagen**
- **Trarira, der Sommer, der ist da**
- **Ein Jäger längs dem Weiher ging**
- **Wenn der Pott aber nu en Loch hat**
- **Der Herr, der schickt den Jockel aus**
- **Old MacDonald had a farm**

🎵 Fallen Ihnen noch mehr Titel ein?

> Forschungen haben ergeben, dass Kinder, die im Vorschulalter Musikunterricht haben, eine wesentlich bessere Wahrnehmung aufweisen als Kinder, die keinen Kontakt mit Musik haben.

Rhythmische Poesie

ab 6 Jahre

GEFÜHL FÜR RHYTHMUS

🎵 Suchen Sie ein Gedicht oder einen Kinderreim aus, den die Kinder besonders mögen. Ich habe mich in diesem Beispiel für „Eins, zwei, drei, alt ist nicht neu" entschieden.

Musik ist: Sprache

♪ Sagen Sie den Kindern, dass sie wie ein Echo alles nachsprechen sollen, was Sie ihnen vorgeben.

Erwachsener	– Eins, zwei, drei
Kinder	– Eins, zwei, drei
Erwachsener	– alt ist nicht neu
Kinder	– alt ist nicht neu
Erwachsener	– neu ist nicht alt
Kinder	– neu ist nicht alt
Erwachsener	– warm ist nicht kalt
Kinder	– warm ist nicht kalt
Erwachsener	– kalt ist nicht warm.
Kinder	– kalt ist nicht warm.

♪ Jetzt sagen Sie zwei Zeilen auf einmal: „Eins, zwei, drei, alt ist nicht neu".

♪ Lassen Sie die Kinder die nächsten beiden Zeilen sprechen: „Alt ist nicht neu, neu ist nicht alt". Machen Sie weiter mit:

**reich ist nicht arm,
arm ist nicht reich,
ungrad ist nicht gleich.**

Rhythmisches Sprechen ist eine gute Vorbereitung für das Lesenlernen.

Wie heißt das Wort?

ab 6 Jahre

SPRACHLICHE FERTIGKEITEN

♪ Suchen Sie ein Lied aus, das die Kinder besonders mögen. Lassen Sie es von einem Kind vorsingen und singen Sie es ein paar Mal um sicherzugehen, dass alle den Text kennen.

♪ Singen Sie das Lied und fangen Sie an Wörter wegzulassen. Zunächst lassen Sie das letzte Wort in jeder Zeile aus.

♪ Wenn die Kinder verstehen, worum es geht, und ihnen das Spiel Spaß macht, können sie sich beim Singen abwechseln. Ein Vorsänger kann seinen Gesang an jeder beliebigen Stelle unterbrechen und die anderen singen das Lied zu Ende. Für dieses Spiel eignet sich besonders das Lied „Jetzt fahrn wir übern See"

Singende Telefone

ab 6 Jahre

GENAU HÖREN

- 🎵 Lassen Sie möglichst viele Kinder Spielzeugtelefone von zu Hause mitbringen.
- 🎵 Für dieses Spiel brauchen Sie pro Zweiergruppe zwei Spielzeugtelefone. Unterhalten Sie sich zunächst mit einem Kind. Erfinden Sie Melodien und stellen Sie dem Kind gesungene Fragen wie: „Wie geht es dir?" oder „Was gab's zum Mittagessen?" Ermuntern Sie das Kind Ihnen singend zu antworten. Nun sollen es die anderen Kinder genauso machen.
- 🎵 Sich singend über den Alltag zu unterhalten hat Ähnlichkeiten mit einer Oper. Machen Sie die Lieder so dramatisch, wie es Ihnen Spaß macht!

Sprechende Gesichter

ab 7 Jahre

GEFÜHLE AUSDRÜCKEN

- 🎵 Unterhalten Sie sich mit den Kindern über verschiedene Gefühle. Die Kinder versuchen den passenden Gesichtsausdruck zu den Gefühlen zu machen, über die Sie gerade sprechen. Glücklich, ärgerlich, ängstlich und traurig sind für den Anfang besonders gut geeignet.
- 🎵 Singen Sie gemeinsam ein Lied, das die Kinder besonders mögen, und versuchen Sie dabei, mit Ihrer Stimme und Ihrem Gesicht ein bestimmtes Gefühl auszudrücken. Singen Sie das Lied zum Beispiel mit einem Lächeln im Gesicht und mit einer glücklichen Stimme. Hier sind noch ein paar andere Ideen:

    Singen Sie mit tiefer Stimme und einem ärgerlichen Gesicht.
    Singen Sie mit Tränen in der Stimme und einem traurigen Gesicht.
    Singen Sie mit leiser Stimme und einem ängstlichen Gesicht.

Operettenspaß

ab 7 Jahre

SPRACHE UND FANTASIE

♪ Singen Sie gemeinsam mit den Kindern über etwas, was Sie gerade machen. Anstatt eine Geschichte nur mit Worten zu erzählen fügen Sie den Worten eine Melodie hinzu.

♪ Ein gutes Thema für Ihre Operette ist: „Wir bauen einen Turm". So könnte sich der Gesang abspielen. Erfinden Sie Ihre eigene Melodie dazu.

> **Hier sind kleine und große Bausteine. Einer kommt ganz unten hin und dann kommt der nächste und dann noch einer und immer so weiter.**

♪ Wenn jedes Kind seinen eigenen Gesang entwickelt, kann es natürlich etwas lauter werden. Vielleicht kann man sich aber auch auf ein Vorsingen einigen.

♪ Andere Themenvorschläge: mit Spielsachen spielen, ein Spaziergang im Park, Einkauf im Supermarkt.

Hinhören macht Spaß

ab 7 Jahre

KOGNITIVES DENKEN

♪ Ist es Ihnen schon einmal passiert, dass Sie zum ersten Mal die Worte eines Liedes wirklich gehört haben, obwohl Sie dieses Lied schon oft gesungen haben?

♪ Wir alle singen Lieder, aber manchmal denken wir nicht darüber nach, was die Texte bedeuten.

♪ Es macht Spaß, Liedtexte mit den Kindern zu besprechen. Nehmen Sie zum Beispiel das Lied „Guten Abend, gute Nacht". Stellen Sie den Kindern Fragen wie: „Was glaubt ihr, ist mit dem Satz gemeint 'Mit Rosen bedacht, mit Näglein besteckt'?" Sie werden überrascht sein über die Antworten, die Sie bekommen. Diese Art von Spiel hilft Kindern über das nachzudenken, was sie hören. (Mit den „Näglein" sind übrigens Nelken gemeint.)

♪ Es ist eine gute Idee, über die Texte aller Lieder zu sprechen, die die Kinder besonders gerne singen. Dadurch wird das Erlebnis des Singens noch intensiver.

Durch Musik lernen Kinder …

… ihrer Persönlichkeit Ausdruck zu verleihen und dadurch Zufriedenheit zu erfahren.

… die schauspielerischen oder musikalischen Fähigkeiten anderer Leute zu respektieren.

… andere Kulturen zu schätzen und eine Grundlage für eine vertiefende Beschäftigung mit der Musik zu schaffen.

Schläfst du noch?

ab 7 Jahre

ERSTE KONTAKTE MIT FREMDSPRACHEN

Hier finden Sie den Text zu „Bruder Jakob" in anderen Sprachen. Die Melodie bleibt immer gleich.

>Bruder Jakob, Bruder Jakob,
>schläfst du noch? Schläfst du noch?
>Hörst du nicht die Glocken? Hörst du nicht die Glocken?
>Ding, dang, dong, ding, dang, dong.

Auf Englisch:
>Are you sleeping, are you sleeping,
>(Ah juh slie ping, ah juh slie ping)
>Brother John, Brother John?
>(brah sser Djon, brah sser Djon)
>Morning bells are ringing, morning bells are ringing.
>(moh ning bells ah ringing, moh ning bells ah ringing)
>Ding, ding, dong. Ding, ding dong.

Auf Spanisch:
>Fray Felipe, Fray Felipe,
>(Frai Feh li pe, frai Feh li pe)
>Duer mes tu? Duer mes tu?
>(Dwermes tuh, dwermes tuh)
>Toca la campana, toca la campana
>(To ka la kam pana, to ka la kam pana)
>Bam, bam, bam. Bam, bam, bam.

Musik ist: Sprache

Auf Französisch:
> **Frère Jacques, frère Jacques**
> (Frähre scha cke, frähre scha cke)
> **Dormez vous? Dormez vous?**
> (dor meh wuh, dor meh wuh)
> **Sonnez les matines. Sonnez les matines.**
> (sonn eh leh ma tineh, sonn eh leh ma tineh)
> **Dan, dan, don. Dan, dan, don.**

Sprache kann auch verrückt sein

Meine Enkelin ist dreieinhalb Jahre alt und ihr derzeitiger Lieblingswitz lautet: „Mami hat Erde in den Haaren." Darauf folgt endloses Gelächter. Macht es Ihnen nicht auch so großen Spaß, Kinder lachen und kichern zu hören? Es ist so faszinierend zu sehen, was ein kleines Kind lustig findet. Nonsenswörter (widewidewitt bum bum) und die Verdrehung von alltäglichen Situationen (Mein Hund sitzt am Mittagstisch) sind nur zwei Beispiele für Sachen, die Kinder zum Lachen bringen. Welche Art von Scherzliedern machen Kindern besonders großen Spaß? Ich glaube, es sind Lieder, die überhaupt keinen Sinn ergeben oder verrückte Geschichten erzählen wie „Ein Mann, der sich Kolumbus nannt". Lieder über komische Leute, Lieder mit Textsprüngen, Unsinnsreime, Zungenbrecher, Rätsel und Witze und Lieder, die endlos weitergehen, finden Kinder witzig.

Das Singen von Scherz- und Spottliedern erfüllt jedoch auch einen verborgenen Zweck. Wir alle müssen im Alltag mit vielen komplexen und verwirrenden Situationen zurechtkommen. Verrückte Lieder helfen uns zu entspannen, uns an ihrem Humor zu freuen und Spannungen abzubauen. Bei Kindern fördern diese Lieder die sprachliche Entwicklung und vermitteln ihnen einen Sinn für Humor.

Hier ist eine Liste von verrückten Liedern, die ich besonders schön finde:

- Ein Mann, der sich Kolumbus nannt
- Auf der Mauer, auf der Lauer
- Ein Mops kam in die Küche
- Hab 'ne Tante in Marokko
- Drei Chinesen mit dem Kontrabass
- Die Affen rasen durch den Wald
- Trat ich heute vor die Türe

5 Musik ist: Bewegung

Haben Sie jemals ein kleines Kind gesehen, das länger als ein paar Minuten stillsitzt? Bewegung gehört für kleine Kinder einfach dazu: Sie springen, sie hüpfen, sie wuseln durcheinander ... sie sind ständig in Bewegung. Durch Bewegung trainieren die Kinder ihre Motorik, ihren Sinn für Rhythmus und räumliche Wahrnehmung. Musik und Bewegung sind eng miteinander verbunden. Durch Bewegung stellen Sie den Rhythmus der Musik mit ihrem Körper dar. Sie kann geschmeidig oder holprig sein, schnell oder langsam, laut oder leise. Wenn jüngere Kinder Musik hören, beginnen sie automatisch herumzuhüpfen und sich zu wiegen. Nach und nach entsteht aus dieser Schaukel- und Hüpfbewegung ein gleichmäßiger Rhythmus oder Takt, der der Musik folgt. Dieser gleichmäßige Rhythmus fördert die sprachliche, motorische und kognitive Entwicklung. Alle Spiele und Aktivitäten in diesem Kapitel können mit Hintergrundmusik oder ohne Musik durchgeführt werden.

Aktivitäten und Spiele rund um Bewegung

Mit den Augen sehe ich
ab 5 Jahre
BEWEGUNGSSPIEL

- Fördert die Darstellung von Rhythmus mit dem Körper und übt die Namen von Körperteilen ein.
- Sprechen Sie dieses Gedicht und begleiten Sie es mit den entsprechenden Bewegungen. Ermuntern Sie die Kinder dazu, es Ihnen nachzumachen.

Mit den Augen sehe ich,
(mit der Hand die Augen beschatten und umhersehen)
mit den Füßen gehe ich.
(auf der Stelle treten)

Mit der Nase rieche ich,
(in die Luft schnuppern)
auf den Knien krieche ich.
(mit den Händen auf die Knie klopfen)

Meinen Hals, den recke ich,
(den Hals in die Höhe recken)
mit der Zunge schlecke ich.
(ein imaginäres Eis schlecken)

Auf den Schultern trag ich dich,
(Arme vor der Brust kreuzen und sich selbst auf die Schultern klopfen)
mit den Zähnen nage ich
(eine imaginäre Möhre nagen)
und putze sie allabendlich!
(Zähne putzen)

Bewegung und Stillstand

ab 5 Jahre

GENAU HÖREN

- 🎵 Suchen Sie ein Instrumentalstück mit einer sanften, leisen Melodie aus. Gehen Sie gemeinsam zu der Musik auf Zehenspitzen durch den Raum.
- 🎵 Sagen Sie den Kindern, dass sie „einfrieren", also in ihrer Position verharren sollen, sobald die Musik aufhört.
- 🎵 Stellen Sie die Musik wieder an und gehen Sie nun mit großen Schritten durch den Raum.
- 🎵 Stoppen Sie die Musik wieder. Jedes Mal, wenn die Musik verstummt, können Sie oder die Kinder vorschlagen, auf welche Weise Sie sich fortbewegen wollen, wenn die Musik wieder einsetzt.

Komm, wir gehen

ab 5 Jahre

MOTORIK

- 🎵 Diese Aktivitäten werden bestimmt bald zu den Lieblingsspielen Ihrer Kinder gehören. Sie können sie zu jeder Tageszeit einsetzen.
- 🎵 Immer zwei Kinder nehmen sich bei der Hand und sprechen oder singen den folgenden Vers:

> **Komm, wir gehen, gehen, gehen**
> **Komm, wir gehen, gehen, gehen**
> **Komm, wir gehen, gehen, gehen**
> **– und STOPP!**

- 🎵 Lassen Sie die Kinder durch den Raum gehen. Bei „STOPP" sollen sie in der Position verharren, in der sie gerade sind.
- 🎵 Versuchen Sie es auch mit Hüpfen (auf einem Bein oder mit geschlossenen Füßen), Springen, Rollschuh laufen, Schwimmen, Rennen, Marschieren und auf Zehenspitzen gehen.
- 🎵 Fragen Sie die Kinder nach Vorschlägen, was man sonst noch mit diesem Lied machen kann. Wahrscheinlich haben sie eine Menge toller Ideen.

Kistenclown

ab 5 Jahre
GEHÖR UND MOTORIK

- Die Kinder sollen sich vorstellen, Sie seien ein Kistenclown in einer Schachtel. Sie sollen sich niederkauern und ganz still verharren.
- Wenn die Musik beginnt, kommen sie aus ihrer Schachtel geschnellt und springen kreuz und quer durch den Raum.
- Wenn die Musik verstummt, springen sie zurück in ihre Schachtel.
- Jüngeren Kindern macht dieses Spiel riesigen Spaß.

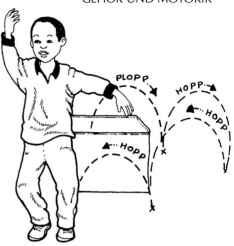

Komm, tanz mit mir!

ab 5 Jahre
BEGRIFFE FÜR KÖRPERTEILE

- Spielen Sie den Kindern ein schnelles Musikstück vor, das ihnen gefällt. Sie können dieses Spiel im Stehen oder im Sitzen spielen.
- Sagen Sie den Kindern, dass sie „mit den Füßen tanzen" sollen. Zeigen Sie ihnen, wie sie ihre Füße bewegen sollen.
- Nun „tanzen die Arme". Zeigen Sie ihnen, wie sie ihre Arme bewegen sollen.
- Versuchen Sie nun, mit den Knien, Ellbogen, Beinen, Händen, Fingern, Schultern, mit dem Kopf und mit dem ganzen Körper zu tanzen.

Ein Walzer

ab 5 Jahre
KREATIVE BEWEGUNG

- Spielen Sie den Kindern Walzermusik vor. Lassen Sie die Kinder einen Partner aussuchen, mit dem sie im Takt der Musik tanzen.
- Vielleicht können die Kinder auch ihr Lieblingsstofftier mitbringen und damit durch das Zimmer wirbeln.

Mit den Zehen wackeln

ab 5 Jahre

BEZEICHNUNGEN FÜR KÖRPERTEILE

♪ Singen oder sprechen Sie den Vers vor und machen Sie dazu die Bewegungen, die der Text vorgibt.
♪ Singen Sie den Text zur Melodie von „Ging ein Weiblein Nüsse schütteln".

> Ich kann mit den Zehen wackeln,
> Zehen wackeln, Zehen wackeln, schau!
> Ich kann mit den Zehen wackeln,
> Zehen wackeln, Zehen wackeln, schau!

♪ Nun sollen es die Kinder nachmachen. Hier sind noch weitere Verse:

> Ich kann in die Hände klatschen, …
> Ich kann mit den Füßen stampfen, …
> Ich kann mit den Augen zwinkern, …
> Ich kann mit den Fingern kratzen, …
> Ich kann mit den Zähnen klappern, …

Regen, Regentröpfchen

ab 5 Jahre

RHYTHMUS UND KOORDINATION VON HAND, FUSS UND AUGE

♪ Je zwei Kinder stehen sich gegenüber. Einer ist der „Regen", der andere ist der „Nassgeregnete".
♪ Der „Nassgeregnete" formt die Hände zu einem Dach und hält sie sich schützend über den Kopf.
♪ Sagen Sie gemeinsam das folgende Gedicht auf und machen Sie dazu die passenden Bewegungen.

> **Regen, Regentröpfchen,** (der „Regen" macht in der Luft eine Bewegung mit den Fingern, die wie Regenrieseln aussieht)
> **regnen auf mein Köpfchen,** (der „Regen" trommelt mit den Fingern auf die Hände über dem Kopf des „Nassgeregneten")
> **regnen in das grüne Gras,** (der „Regen" rieselt mit den Fingern bis auf den Boden)
> **meine Füße werden nass.** (der „Nassgeregnete" tritt von einem Fuß auf den anderen)

Alles einsteigen, bitte!

ab 6 Jahre

RHYTHMUSGEFÜHL

🎵 Sprechen Sie die folgenden Verse, während Sie mit den Armen die Räder des Zuges antreiben.

   Alles einsteigen, bitte!
   Alles einsteigen, bitte!
   Alles einsteigen, bitte!
   Der Musikantenzug ist da!

   Nun rattern wir daher,
   nun rattern wir daher,
   nun rattern wir daher.
   Der Musikantenzug ist da!

   Jetzt singen wir ein Lied,
   jetzt singen wir ein Lied,
   jetzt singen wir ein Lied.
   Der Musikantenzug ist da!

🎵 Suchen Sie sich ein Lied aus, das Sie alle gemeinsam singen. Sprechen Sie die drei Verse noch einmal und dann singen Sie das nächste Lied.

Ohne Ton

ab 6 Jahre

DARSTELLUNG MIT GERÄUSCHEN

🎵 Dies sind verschiedene Geräusche, die Sie machen können:

- **singen**
- **summen**
- **atmen**
- **zischen**
- **niesen**
- **klatschen**
- **weinen**
- **schlagen**
- **trommeln**
- **reden**
- **pfeifen**
- **lachen**
- **seufzen**
- **husten**
- **schnalzen**
- **klopfen**
- **stampfen**
- **ein Musikinstrument spielen**

🎵 Bei diesem Spiel sollen die Kinder sich so bewegen, dass es ihr Empfinden des Geräusches wiedergibt. Lachen und Singen deuten normalerweise darauf hin, dass sie fröhlich sind, und sie bewegen sich so, dass sie diese Stimmung zeigen.

🎵 Weinen bedeutet, dass sie traurig sind, und sie bewegen sich so, als seien sie unglücklich.

🎵 Husten und Niesen heißen, dass sie krank sind, und sie bewegen sich wie jemand, der sich krank und schlapp fühlt.

🎵 Sie können auch Musik abspielen, die eine Stimmung verstärkt. Spielen Sie fröhliche Musik, traurige Musik oder beängstigende Musik.

🎵 Hier sind einige Vorschläge, wie die Kinder sich bewegen können: kriechen, mit einem Lächeln im Gesicht hüpfen, langsam gehen, auf Zehenspitzen schleichen, majestätisch schreiten.

Der Arme-Kopf-Tanz

ab 6 Jahre

BEZEICHNUNGEN FÜR KÖRPERTEILE

🎵 Für dieses Spiel brauchen Sie viele große Kartons.
Nehmen Sie für je zwei Kinder einen großen Karton und schneiden Sie Löcher hinein.

🎵 Ein Kind klettert in den Karton und steckt den Kopf, die Arme (oder Beine) durch die Löcher.

🎵 Spielen Sie Musik vor. Die Kinder bewegen die Körperteile, die aus dem Karton hervorschauen, im Rhythmus der Musik.

🎵 Lassen Sie die Kinder tauschen. Zuschauen ist ebenso lustig wie Selbermachen.

Musik ist: Bewegung

Die menschliche Maschine   ab 6 Jahre

KOORDINATIONSVERMÖGEN UND GEHÖR

- Bei diesem Spiel können Sie sitzen oder stehen.
  Suchen Sie sich einen Körperteil aus und halten Sie ihn ständig in Bewegung. Wippen Sie zum Beispiel mit dem Knie oder winken Sie mit einer Hand.
- Lassen Sie dazu Musik laufen, die sowohl langsame als auch schnelle Passagen enthält. Sagen Sie den „Maschinen" (den Kindern), dass sie genau zuhören und sich so bewegen sollen, wie die Musik es vorgibt. Wenn die Musik schneller oder langsamer wird, bewegen sich auch die „Maschinen" schneller oder langsamer.

Spiegelbild und Schatten   ab 6 Jahre

BEOBACHTUNGSGABE

Spiegelbild

- Bei diesem Spiel braucht jedes Kind einen Partner.
  Die Partner stellen sich einander gegenüber auf.
  Sie sollen so tun, als würden sie in einen Spiegel blicken.
- Das „Spiegelbild" macht alles nach, was sein Gegenüber vormacht. Wenn derjenige, der in den „Spiegel" schaut, auf und ab springt, springt auch das „Spiegelbild" auf und ab. Wenn derjenige, der in den „Spiegel" schaut, sich umdreht, dreht sich auch das „Spiegelbild" um und so weiter.
- Ein paar Vorschläge für Bewegungen: Hände schütteln, mit dem Kopf nicken, mit den Armen wedeln, Fratzen schneiden.

Schatten

- Dieses Spiel ist das Gegenstück zum „Spiegelbild".

- Es wird nach denselben Regeln gespielt, allerdings folgt der „Schatten" seinem Partner, wenn er durch den Raum hüpft, hopst oder springt.
- Lassen Sie bei beiden Spielen Musik laufen, die die Bewegungen lenkt.

Windspiel

ab 6 Jahre

NATÜRLICHE RHYTHMEN

- Unterhalten Sie sich über den Wind. Was ist Wind? Wodurch entsteht er? Warum bläst er plötzlich aus einer anderen Richtung?
- Was kann der Wind herumwirbeln? Blätter, Windvögel, Ballons, Staub? Wie bewegt sich ein Blatt im Wind: schnell, langsam, auf und nieder? Treibt der Wind Schneeflocken und Regentropfen?
- Die Kinder sollen sich vorstellen, sie seien …

> … ein Blatt, das langsam zu Boden flattert.
> … ein Blatt, das schnell durch den Garten fegt.
> … ein Hagelkorn, das zu Boden fällt.
> … ein Regentropfen, der zu Boden fällt.
> … eine Feder, die der Wind umherweht.
> … eine Schneeflocke, die im Wind wirbelt.

- Im Sommer fühlt sich der Wind anders an als im Winter. Er fühlt sich auch anders an, wenn man beim Autofahren ein Fenster öffnet.

Stepptanz

ab 6 Jahre

MOTORIK UND FANTASIE

- Sehen Sie auch so gerne beim Stepptanzen zu? Nun, versuchen Sie es selbst einmal.
- Basteln Sie sich mit den Kindern eigene Steppschuhe. Sie brauchen nur ein Paar bequeme Schuhe und einige Münzen, die Sie an die Sohlen kleben. Größere Münzen sind am besten geeignet. Wenn der Klebstoff getrocknet ist, kann es losgehen.
- Legen Sie Musik auf, die den Kindern gefällt, und machen Sie dazu Ihre Tanzschritte.

🎵 Hier sind ein paar Tanzschritte, die Sie leicht nachmachen können und mit denen Sie die besten Geräusche erzeugen.

> Gehen Sie zuerst langsam durch den Raum.
> Bei jedem Schritt hören Sie ein Geräusch.
>
> Marschieren ist sehr „klangvoll".
>
> Ein besonderer Stepptanzschritt ist das „Schlurfen".
> Dabei stehen Sie auf einem Bein.
> Den anderen Fuß ziehen Sie über den Boden,
> immer vor und zurück, vor und zurück.
> Wenn Sie ganz professionell auftreten wollen,
> machen Sie diesen „Schlurfschritt":
> Sie schieben den Fuß vor, ziehen ihn zurück
> und treten mit dem ganzen Fuß auf.
> Zählen Sie jedes Mal bis drei und dann
> wird es ganz einfach, diese Abfolge von
> drei Bewegungen zu lernen.

🎵 So können Sie gemeinsam mit den Kindern eine Stepptanztruppe auf die Beine stellen.

Den Raum erkunden   ab 7 Jahre

ENTSPANNUNG

🎵 Spielen Sie leise, langsame Musik zur Entspannung.

🎵 Alle setzen sich auf den Boden und strecken die Hände aus, um zu erkunden, was sie umgibt – vor ihnen, hinter ihnen, neben, über und unter ihnen. Dann machen alle dasselbe mit den Füßen.

🎵 Nun stellen sich alle so hin, dass die Füße in Schulterbreite nebeneinander stehen. Die Arme hängen schlaff herunter wie bei einer Stoffpuppe. Langsam beugen sich alle nach vorn, lassen den Kopf hängen, bis die Fingerspitzen den Boden berühren. Nun sollen die Kinder versuchen ein paar Sekunden lang in dieser Stellung zu verharren und zu entspannen. Langsam kommen sie mit rundem Rücken wieder hoch und spüren, wie sich nacheinander jeder Körperteil aufrichtet: zuerst die Hüften, dann die Taille, der Rücken und die Schultern und schließlich der Kopf.

Magnete

ab 7 Jahre
RÄUMLICHE WAHRNEHMUNG

- Alle setzen sich auf den Boden. Die Kinder sollen sich vorstellen, dass eine Hand ein Magnet ist, von dem der Rest ihres Körpers angezogen werden kann.
- Was passiert, wenn sie mit dem Magneten (ihrer Hand) das Knie, einen Fuß, den Kopf oder den Bauch berühren?
- Die Kinder sollen versuchen sich zu bewegen, während der Magnet (ihre Hand) anderswo an ihrem Körper klebt.

Alles nachmachen

ab 7 Jahre
BEOBACHTUNGSVERMÖGEN

- Sie brauchen einen Anführer (am besten beginnen Sie mit einem Kind, das Sie dafür geeignet finden). Die anderen Kinder setzen sich im Kreis um ihn herum. Der Anführer denkt sich Bewegungen aus, die die anderen nachmachen müssen.
- Während der Anführer seine Bewegungen vormacht – auf den Boden klopft, auf die Knie klopft, in die Hände klatscht – sehen die Mitspieler genau zu und machen die Bewegungen nach.
- Der Anführer wechselt ohne Unterbrechung von einer Bewegung zur anderen und die Mitspieler machen seine Abfolge von Bewegungen mit.
- Hier sind noch ein paar Abwandlungen dieses Spiels:

> **Alle stellen sich im Kreis auf und der Anführer bewegt nur seine Füße. Der Anführer bewegt alle Körperteile – er schlenkert mit den Armen, schwenkt die Hüften, schüttelt den Kopf und wackelt mit den Fingern.**

- Bei einer weiteren Variante verlässt ein Kind das Zimmer. Wenn es zurückkommt, folgen die anderen Kinder den Vorgaben eines geheimen Anführers. Das Kind muss raten, wer der Anführer ist. Nacheinander kommen alle an die Reihe, gehen aus dem Zimmer, kommen wieder und erraten den Anführer.

Körpersprache

ab 7 Jahre

KÖRPERKONTROLLE UND FANTASIE

- Kinder können mit ihrem Körper sehr viel ausdrücken. Dieses Spiel ist gut als Lockerungsübung geeignet und außerdem macht es einfach Spaß.
- Sagen Sie den Kindern, dass Sie mit Ihrem Körper sprechen wollen. Wie kann man mit dem Körper „ja" sagen? Man bewegt den Kopf auf und ab. Wie sagt man „nein"? Man bewegt den Kopf von einer Seite zur anderen.
- Üben Sie mit dem Kopf „ja" und „nein" zu sagen. Vielleicht fallen den Kindern noch weitere Möglichkeiten ein.
- Sie können mit allen Körperteilen „ja" oder „nein" sagen. Sagen Sie „ja" mit dem Kopf, mit den Armen, Schultern und Ellenbogen. Sagen Sie „nein" mit denselben Körperteilen.
- Sagen Sie „ja" mit den Hüften, Beinen, Fußgelenken und Zehen. Und dann sagen Sie „nein" mit denselben Körperteilen.
- Denken Sie sich Fragen aus, die mit „ja" oder „nein" zu beantworten sind. Zum Beispiel: „Magst du Pizza?"
- Versuchen Sie einen Teil des Tages für Körpersprache zu reservieren: Alle Antworten werden mit dem Körper gegeben, nicht mit Worten. Bringen Sie die Kinder dazu, Ihnen mit dem Körper Fragen zu stellen – und Sie antworten mit Ihrem Körper.
- Überlegen Sie, mit welchen Körperteilen Sie Sprache ersetzen können. Welche Bewegungen passen dazu? Hier sind ein paar Ideen für den Anfang:

Körperteil	Was er ausdrückt
Nase	Ich rieche etwas Leckeres.
Nase	Ich rieche etwas Ekliges.
Augen	Ich bin froh.
Augen	Ich bin traurig.
Kopf	Ja.
Kopf	Nein.
Schultern	Keine Ahnung, ich weiß es nicht.
Hände	Halt!
Fuß	Ich warte.
Ellbogen	Weg da!
Hals	Ich kann nichts erkennen.
Hände	Ich mag dich.

Kinder fühlen sich von Tieren und ihren Eigenarten angesprochen, weil sie ihnen so ähnlich sind. Wenn Sie einem Kind eine bestimmte Idee nahe bringen wollen, überlegen Sie, wie Sie Tiere in das einbeziehen können, was Sie zu vermitteln versuchen. Wo ist der Lehrer oder die Mutter, die die Kinder noch nicht gebeten hat „mucksmäuschenstill" zu sein?

Das Klatschspiel

ab 8 Jahre

ZUSAMMENSPIEL VON AUGEN UND HÄNDEN

♪ Dieses Spiel ist bei Achtjährigen besonders beliebt.
Hier ist das Klatschspiel:

> Klatscht euch auf die Schenkel und das zweimal.
> Klatscht in die Hände und das zweimal.
> Katscht euch gegenseitig in die Hände und das zweimal.
> (Dabei die Handflächen hochhalten.)
> Klatscht in die eigenen Hände und das zweimal.

♪ Versuchen Sie bei diesem Klatschspiel ein Lied zu singen, das alle kennen.

Die Forschungen von Jean Piaget haben gezeigt, dass „ein Kind mehr hören und sehen will, je mehr es hört und sieht." Wissenschaftler haben herausgefunden, dass sich Piagets Theorie im Bereich der Musik bestätigt. Edwin E. Gordon, ein Musikwissenschaftler, geht davon aus, dass alles, was ein Kind bis zum Alter von drei Jahren unbewusst aufnimmt, direkte Auswirkungen auf seine spätere sprachliche Entwicklung hat. Er nennt diesen Prozess „unbewusstes Hören".

6 Musik ist: Singen

Auch wenn Sie sich selbst nicht unbedingt als jemand bezeichnen würden, der viel und gerne singt – überlegen Sie mal, wie viele Lieder Sie kennen (jawohl, „Alle meine Entchen" und „Hänschen klein" zählen mit). Haben Sie ein Lieblingslied? Wissen Sie noch, wo Sie es gelernt haben? Sehr wahrscheinlich haben Sie es gelernt, weil es Ihnen jemand vorgesungen hat, weil es im Radio oder Fernsehen gespielt wurde, weil Sie es auf einer Platte oder einer CD haben oder weil es Sie an eine glückliche oder eine wichtige Phase in Ihrem Leben erinnert. Stellen Sie ganz spontan eine Liste von zehn Liedern zusammen, die Sie singen können. Bringen Sie eines davon den Kindern bei. Es muss kein Kinderlied sein, nur irgendein Lied, das Sie gerne singen. Vielleicht kennt ein Kind dieses Lied und kann Sie beim Vorsingen tatkräftig unterstützen.

4 Tipps ...

wenn Sie selbst ein Lied lernen wollen

1. Denken Sie über das Lied nach, das Sie den Kindern beibringen wollen. Was gefällt Ihnen daran? Ist es der Text? Die Melodie? Der Rhythmus? Wenn Sie sich darüber im Klaren sind, warum Sie ein Lied mögen, lernen Sie es schneller und wenn Sie es den Kindern beibringen, werden sie Ihr Interesse und Ihre Begeisterung ansteckend finden.
2. Singen Sie das Lied immer wieder auf verschiedene Arten, bis Sie es ganz auswendig können. Singen Sie es langsam, leise, laut und so weiter. Ein Lied zu lernen kann ganz einfach sein.
3. Lernen Sie zuerst den Text und dann die Melodie. Singen Sie es immer wieder, so lange, bis Sie sich sicher fühlen. Kinder werden bestimmt nicht an Ihrer Stimme herumkritteln, aber sie merken es sofort, wenn Sie sich Ihrer selbst nicht sicher sind.
4. Wenn Sie ein neues Lied lernen, üben Sie es vor dem Spiegel ein. Wenn möglich, suchen Sie sich ein wohlwollendes Familienmitglied oder Freunde als Publikum aus.

10 Tipps ...

wenn Sie anderen ein Lied beibringen wollen

1. **Wiederholung**
   Singen Sie das Lied zwei- oder dreimal vor. Beim nächsten Mal lassen Sie ein Schlüsselwort aus. Die Kinder ergänzen das Wort, das Sie

weggelassen haben. Zum Beispiel: „Ging ein Weiblein ……….. schütteln, ………… schütteln, ………… schütteln, rums!"

2. Sprechprobe
Versuchen Sie es erst mit dem gesprochenen Text und bitten Sie die Kinder, Ihnen die Worte nachzusprechen. Wenn sie den Text gelernt haben, können Sie die Melodie hinzufügen.

3. Wechselgesang
Eine andere bewährte Methode beim Lehren von Liedern ist der Wechselgesang. Dabei singen Sie eine Zeile vor und bitten die Kinder, sie zu wiederholen. Singen Sie beispielsweise „Der Kuckuck und der Esel" und die Kinder singen dieselbe Zeile nach.

4. Den Rhythmus klatschen
Machen Sie sich den Rhythmus des Liedes zu Nutze und bringen Sie ihn den Kindern bei. Klatschen Sie den Rhythmus vor und dann sagen Sie ihnen, dass sie ihn gemeinsam klatschen sollen. Zum Beispiel:
Ich ging einmal nach Buschlabeh
 /   / / / /   / /
(Jedes / steht für einmal Klatschen.)

5. Die Geschichte
Sprechen Sie über den Text des Liedes. Wovon ist in dem Lied die Rede? Wenn Sie sich zum Beispiel das Lied „Sankt Martin ritt durch Schnee und Wind" ausgesucht haben, konzentrieren Sie sich auf die Handlung. Was passiert in dem Lied? Wie ist Sankt Martin unterwegs? Warum ist dem Mann so kalt? Wie hilft Sankt Martin ihm? Regen Sie die Kinder an, sich über den Text Gedanken zu machen und ihn vielleicht nachzuspielen. Auf diese Weise lernen sie die Worte leichter.

Lieder, die sich zum Nachspielen eignen:

- Dornröschen war ein schönes Kind
- Zwischen Berg und tiefem, tiefem Tal
- Ein Mann, der sich Kolumbus nannt'
- Hänsel und Gretel
- Ich ging einmal nach Buschlabeh
- Zeigt her eure Füße
- Auf einem Baum ein Kuckuck
- Hänschen klein
- Die Vogelhochzeit

6. **Bildergeschichten**
   Benutzen Sie Bilder, um den Liedtext zu veranschaulichen. Wenn Sie einem Kind zum Beispiel das Lied „Gretel, Pastetel" beibringen wollen, nehmen Sie Bilder von Gänsen, von einem Hahn und von einem Huhn. Schneiden Sie Fotos aus Zeitschriften aus, die zu dem Lied passen oder suchen Sie in Büchern nach passenden Illustrationen. Sammeln Sie zum Beispiel Tierbilder, die zu „Old MacDonald had a farm" passen.

7. **Pinnwand**
   Eine weitere Methode zum Einüben eines Liedtextes ist die Verwendung von Pinnwänden. Wenn Sie sich zum Beispiel das Lied „Widewidewenne heißt meine Puthenne" vorgenommen haben, können Sie für jedes Tier, das in dem Lied vorkommt, eine Form ausschneiden: das Pferd, die Kuh, das Schwein und so weiter. Sobald das Tier erwähnt wird, befestigen Sie die Form an der Pinnwand.

8. **Kinder lieben Marionetten**
   Als eine Abwandlung des Wechselgesangs können Sie Handpuppen einsetzen, die den Text vorgeben. Nehmen Sie für „Der Kuckuck und der Esel" zum Beispiel zwei Puppen, die wie Kuckuck und Esel aussehen. Sie machen es den Kindern leichter, sich den Liedtext zu merken.

9. **Laute und leise Stimmen**
   Singen Sie das Lied mit lauter oder leiser Stimme, je nachdem was zur Atmosphäre des Liedes passt. Singen Sie zum Beispiel ein Schlaflied mit leiser und ein Wanderlied mit kräftiger Stimme. Oder verstellen Sie Ihre Stimme so, dass sie die Aussage des Liedes verstärkt. So können Sie das Lied „Heut ist ein Fest bei den Fröschen am See" mit quakigem Tonfall singen oder „Ein Männlein steht im Walde" mit geheimnisvoller Stimme.

10. **Kassettenrekorder**
    Nehmen Sie das Lied, das Sie den Kindern beibringen wollen, auf Kassette auf. Spielen Sie es ab und singen Sie mit. Auf diese Weise haben Sie die Hände zum Gestikulieren frei. Sie können sich beim Singen bewegen oder mit Bildern hantieren. In erster Linie sollten Sie Lieder auswählen, die Ihnen selbst Spaß machen – die Kinder werden sie auch mögen.

Wenn Sie Freude an Musik haben und mit Begeisterung singen, werden Sie die Kinder mitreißen. Kinder haben Interesse an den Worten, der Melodie und der Handlung, die ein Lied beschreibt. Sie lassen sich leicht zum Mitmachen bewegen und singen dasselbe Lied immer wieder, aus purer Freude am Singen. Nachfolgend finden Sie ein paar Anhaltspunkte, die Ihnen helfen abzuschätzen, ob den Kindern die Musik gefällt, die Sie ihnen vorspielen oder -singen.

> **Singen sie mit?**
> **Wie lange hören sie zu und wann flaut ihre Aufmerksamkeit ab?**
> **Nach welchen Liedern fragen die Kinder?**
> **Welche Kommentare geben sie zu den Liedern ab?**
> **Wie verändern die Kinder die Lieder?**
> **Summen oder singen sie das Lied nach einigen Stunden oder Tagen aus eigenem Antrieb?**

Einige Lieder haben sehr ähnliche Melodien. Wenn Sie „Im Märzen der Bauer" singen können, dann wird Ihnen „Es war eine Mutter" nicht allzu schwer fallen. „Es regnet auf der Brücke" klingt fast wie „Ein Männlein steht im Walde", „Alles neu macht der Mai" ist nicht viel anders als „Hänschen klein", „Schlaf, Kindlein, schlaf" und „Maikäfer, flieg!" sind einander sehr ähnlich. Einige Volkslieder gehen auf klassische Vorbilder zurück. So wurde das Lied „Am Brunnen vor dem Tore" ursprünglich zu einer sehr schwierigen Klavierbegleitung von Franz Schubert gesungen. „Komm, lieber Mai und mache" wurde zuerst von Wolfgang Amadeus Mozart vertont und gelangte später in vereinfachter Form in viele Musikbücher für Kinder. Und das Goethe-Gedicht vom „Heideröslein" ist heute als „Sah ein Knab' ein Röslein stehn" ein beliebtes Volkslied. Singen macht allen Freude – Lehrern, Eltern und Kindern. Viel Glück und viel Spaß dabei!

Volkslieder

Volkslieder sind Lieder, die vom Herzen kommen. Sie beschreiben die Erfahrungen der gewöhnlichen Leute und ihre Texte sind einfach zu singen. Volkslieder lassen sich sehr gut mit Kindern singen, weil sie häufige Wiederholungen enthalten, keine hohen Ansprüche an die Stimme stellen und schlichte Melodien haben.

Jede Nation der Welt singt. Jedes Land hat seine Lieder, die von einer Generation zur nächsten weitergegeben werden. Diese Lieder sind sehr unterschiedlich, was Themen und Stil angeht, doch sie alle spiegeln die Vielzahl der Strömungen wider, die unsere Kulturen ausmachen.

Nachfolgend sehen Sie eine Liste von Liedern, die Teil unseres Liedgutes sind. Vielleicht kennen Sie schon eine Strophe oder die Melodie eines Liedes und dann wird es ganz einfach, es anderen beizubringen.
Wählen Sie Ihre Favoriten!

Jahreszeitenlieder

- Alle Vögel sind schon da
- Jetzt fängt das schöne Frühjahr an
- Der Winter ist vergangen
- Komm, lieber Mai und mache
- Der Mai ist gekommen
- Im Frühtau zu Berge
- Nun will der Lenz uns grüßen
- Winter ade
- Es tönen die Lieder
- Trarira, der Sommer der ist da
- Geh aus, mein Herz
- Hejo, spann den Wagen an
- Bunt sind schon die Wälder
- ABC, die Katze lief im Schnee
- A, a, a, der Winter der ist da
- Schneeflöckchen, Weißröckchen

Balladen

- Es waren zwei Königskinder
- Die schöne Lilofee
- Ich weiß nicht, was soll es bedeuten
- Mariechen saß weinend im Garten

Traditionelle Weisen

- Heissa, Kathreinerle
- Bruder Jakob
- Kein schöner Land in dieser Zeit
- Das Wandern ist des Müllers Lust
- Es klappert die Mühle am rauschenden Bach

- Hört, ihr Herrn und lasst euch sagen
- Jetzt fahrn wir übern See
- Ein Männlein steht im Walde
- Der Mond ist aufgegangen
- Guten Abend, gut Nacht

Happy Birthday

Im Jahre 1893 schrieben zwei Kindergärtnerinnen, die Schwestern Patty und Mildred Hill, ein Begrüßungslied mit dem Titel „Good Morning to All". Im selben Jahr erschien es in einem Kinderliederbuch, das von Clayton F. Summy, einem Verleger in Chicago, herausgegeben wurde. Niemand weiß genau, wer den Text so verändert hat, dass daraus ein Begrüßungslied für Geburtstagskinder wurde, aber seit 1910 ist sicherlich kein Tag vergangen, an dem nicht irgendwo auf der Welt irgendjemand „Happy Birthday to you" oder „Zum Geburtstag viel Glück" gesungen hat.

Die meisten Leute nehmen an, dass „Happy Birthday" zum Allgemeingut gehört – aber weit gefehlt! Clayton F. Summy ist der Eigentümer der Urheberrechte und seine Firma hat sogar solche Größen des amerikanischen Musikgeschäfts wie Western Union und Irving Berlin wegen Copyright-Verletzungen gerichtlich verfolgt. Wenn man „Happy Birthday" singt, braucht man sich über die Urheberrechte natürlich keine Gedanken zu machen. Tatsächlich ist „Happy Birthday" das Lied in englischer Sprache, das am häufigsten gesungen wird, aber wie so oft in solchen Fällen haben die Autorinnen so gut wie nichts an dem beispiellosen Erfolg ihres Liedes verdient. Selbst ihre Namen sind fast vergessen!

Auf der Walz

Früher war es üblich, dass Handwerksburschen sich auf die Wanderschaft begaben, um bei verschiedenen Meistern Berufserfahrungen zu sammeln und gleichzeitig die Welt kennen zu lernen. Es waren Dachdecker, Zimmerleute, Müller, Tischler und andere Handwerker, die „auf die Walz" gingen, wie man diese Lehr- und Wanderzeit auch nannte. Die Gesellen wohnten normalerweise im Haushalt des Meisters, bei dem sie arbeiteten und mussten daher auch mit den Kochkünsten der Frau Meisterin oder ihrer Köchin vorlieb nehmen. Sie konnten sich ihren Arbeitsplatz nicht aussuchen, sondern wurden der Reihe nach an die Betriebe in der Stadt verteilt. Außerdem durften die Handwerksburschen den Meister nicht einfach wechseln; wer seinen Lehrherren verließ, musste der Stadt den Rücken kehren und weiterwandern.

Nach einigen Jahren der Wanderschaft kehrten die Burschen in ihre Heimatstädte zurück, wenn sie nicht unterwegs einen Grund gefunden hatten, sich niederzulassen: Vielleicht hatte der Herr Meister ein hübsches Töchterlein …

In dem Lied „Es, es, es und es" verabschiedet sich ein Handwerksbursche, bevor er sich auf den Weg macht und nutzt die Gelegenheit, allen noch einmal gründlich die Meinung zu sagen.

Singen Sie das Lied ruhig mit etwas spöttischer Stimme, denn dem Gesellen fällt der Abschied nicht besonders schwer. Zu dem Refrain „Ich will mein Glück probieren, marschieren" können Sie vielleicht im Zimmer herummarschieren und winken.

Es, es, es und es

Es, es, es und es, es ist ein harter Schluss,
weil, weil, weil und weil, weil ich aus Frankfurt muss.
So schlag ich Frankfurt aus dem Sinn
und wende mich, Gott weiß wohin.
Ich will mein Glück probieren,
marschieren.

Er, er, er und er, Herr Meister, leb er wohl!
Er, er, er und er, Herr Meister, leb er wohl!
Ich sag's ihm grad frei ins Gesicht,
seine Arbeit, die gefällt mir nicht.
Ich will mein Glück probieren,
marschieren.

Sie, sie, sie und sie, Frau Meistrin, leb sie wohl!
Sie, sie, sie und sie, Frau Meistrin, leb sie wohl!
Ich sag's ihr grad frei ins Gesicht,
ihr Speck und Kraut, das schmeckt mir nicht.
Ich will mein Glück probieren,
marschieren.

Sie, sie, sie und sie, Jungfer Köchin, leb sie wohl!
Sie, sie, sie und sie, Jungfer Köchin, leb sie wohl!
Hätt' sie das Essen gut angericht,
so wär' ich auch gewandert nicht.
Ich will mein Glück probieren,
marschieren.

Ihr, ihr, ihr und ihr, ihr Brüder, lebet wohl!
Ihr, ihr, ihr und ihr, ihr Brüder, lebet wohl!
Hab ich euch was zu Leid getan,
so bitt ich um Verzeihung an.
Ich will mein Glück probieren,
marschieren.

Die Brüder, denen der Handwerksgeselle zum Schluss „Lebewohl" wünscht, sind natürlich nicht seine leiblichen Brüder, sondern die Mitglieder einer so genannten Gesellenbruderschaft. Sie hatten verschiedene Aufgaben: Unter anderem mussten sie einen Lehrling „lossprechen" und ihm damit bestätigen, dass er seine Lehrzeit erfolgreich bestanden hatte und nun als Geselle auf Wanderschaft gehen konnte. Außerdem kümmerten sich die Bruderschaften um alte oder kranke Handwerksgesellen.

„Es, es, es und es"-Spiel

ab 5 Jahre

BEWUSSTE WAHRNEHMUNG VON LAUT UND LEISE

- Lassen Sie die Kinder im Zimmer umhergehen und sich von unsichtbaren Gefährten verabschieden.
- Singen Sie den ersten Teil jeder Strophe mit leise Stimme.
  Singen Sie den Refrain mit lauter Stimme.
- Machen Sie es nun umgekehrt: Singen Sie den ersten Teil mit leiser, den Refrain mit lauter Stimme.

Handwerkerrätsel

ab 7 Jahre

SCHAUSPIELERN

- Sprechen Sie über verschiedene Handwerksberufe und überlegen Sie, welche typischen Bewegungen zu den einzelnen Handwerken gehörten, bevor viele Arbeitsgänge von Maschinen verrichtet wurden: Der Schneider stichelte mit Nadel und Faden, der Bäcker knetete den Teig, der Maler pinselte Türen und Fenster an.
- Suchen Sie sich ein paar typische Bewegungen aus und versuchen Sie, sie nachzumachen.
- Ahmen Sie eine Bewegung nach und lassen Sie die Kinder erraten, welchen Beruf Sie ausüben.
- Wechseln Sie die Rollen. Nun denkt ein Kind sich einen Beruf aus und führt eine charakteristische Bewegung aus und Sie raten, welcher Beruf gemeint ist.
- Singen Sie gemeinsam das Lied „Wer will fleißige Handwerker sehn" und begleiten Sie es mit den entsprechenden Handbewegungen.

Aktivitäten und Spiele rund um bekannte Lieder

Horch, was kommt von draußen rein?

ab 5 Jahre

SPRACHLICHE ENTWICKLUNG

Horch, was kommt von draußen rein? Hollahi, hollaho, wird wohl mein Feinsliebchen sein, hollahiaho!

🎵 Verändern Sie den Wortlaut der beiden Zeilen so, dass Sie die Namen der Kinder mit einflechten.
🎵 Sagen Sie über jedes Kind etwas Nettes.

> Sarah baut 'nen tollen Turm, hollahi, hollaho,
> Nico läuft schnell wie der Wind, hollahiaho!

Wir woll'n einmal spazieren gehen

ab 6 Jahre

UHRZEITEN

Wir woll'n einmal spazieren gehen
in einem schönen Garten.
Wenn nur das wilde Tier nicht käm!
Wir woll'n nicht lange warten.

Um eins kommt's nicht,
um zwei kommt's nicht,
um drei kommt's nicht,
um vier kommt's nicht,
um fünf kommt's nicht,
um sechs kommt's nicht,
um sieben kommt's nicht,
um acht kommt's nicht,
um neun kommt's nicht,
um zehn kommt's nicht,
um elf, da pocht's,
um zwölf, da kommt's.

🎵 Singen Sie mit den Kindern nun diese neue Version des traditionellen Liedes. Machen Sie zu jeder Uhrzeit die entsprechenden Bewegungen.

...
um eins springt's hoch, (mit geschlossenen Füßen in die Luft springen)
um zwei steht's still, (auf dem Fleck stehen)
um drei hockt's sich nieder, (in die Hocke gehen)
um vier steht's auf, (wieder aufrecht hinstellen)
um fünf dreht's sich um, (einmal um die eigene Achse drehen)

um sechs läuft's schnell, (auf der Stelle laufen)
um sieben winkt's mir, (mit einer Hand winken)
um acht schüttelt's sich (den ganzen Körper kräftig schütteln)
um neun nickt's, (mit dem Kopf nicken)
um zehn wacht's auf (gähnen und die Arme strecken),
um elf, da pocht's (mit der Faust auf den Boden klopfen)
um zwölf, da kommt's. (mit Gebrüll aufeinander losstürzen)

ABC- Lied

ab 6 Jahre

BUCHSTABEN DES ALPHABETS

A B C und D E F G H I,
J K L und M N O P Q.
Weiter geht's mit
R S T U V W
und zum Schluss: X Y und Z.

♪ Singen Sie diesen Vers zu der Melodie von „Grün, grün, grün sind alle meine Kleider".
♪ Mit älteren Kindern können Sie versuchen, sich zu jedem Buchstaben eine Farbe auszudenken wie apfelgrün und bananengelb. Es dürfen ruhig ein paar seltsame Farbtöne dabei sein, zum Beispiel lutscherrot oder quatschgrün, vor allem, wenn Sie es mit so schwierigen Buchstaben wie X und Y zu tun haben.

Lieder mit Bildern

ab 6 Jahre

ERINNERN EINER REIHENFOLGE

A B C, die Katze lief im Schnee, (Bild von einer schwarzen Katze, ein weiteres Bild mit einer Schneelandschaft)
und als sie wieder nach Hause kam, (Bild von der schwarzen Katze, ein weiteres Bild von einem Haus)
da hat sie weiße Stiefel an. (Bild von einer schwarzen Katze mit weißen Pfoten)
O jemine, O jemine,
die Katze lief im Schnee. (wieder die Bilder von der schwarzen Katze und der verschneiten Landschaft)

Musik ist: Singen

♪ Malen oder zeichnen Sie Bilder, um den Kindern „A B C, die Katze lief im Schnee" (oder irgendein anderes Lied) beizubringen.
♪ Kinder verstehen die Worte eher und können den Text leichter lernen, wenn Sie ihnen visuelle „Eselsbrücken" bauen.
♪ Weitere Beispiele für Lieder, die sich für diese Methode eignen:

>Auf unsrer Wiese gehet was
>Gretel, Pastetel
>Old MacDonald hat ein Haus
>Widewidewenne heißt meine Puthenne
>Ein Männlein steht im Walde
>Es führt über den Main
>Grün, grün, grün sind alle meine Kleider

Ging ein Weiblein Nüsse schütteln

ab 6 Jahre

KOORDINATION VON KÖRPERBEWEGUNGEN/WIRKUNG VON LAUT UND LEISE

>Ging ein Weiblein Nüsse schütteln,
>Nüsse schütteln, Nüsse schütteln;
>alle Kinder halfen rütteln,
>halfen rütteln, halfen rütteln,
>rums.
>
>(Von hier an immer schneller werden:)
>Ging ein Weiblein Nüsse schütteln,
>Nüsse schütteln, Nüsse schütteln;
>alle Kinder halfen rütteln,
>halfen rütteln, halfen rütteln,
>rums.

♪ Dieses Spiel eignet sich am besten für ein kleine Gruppe von Kindern. Alle gehen im Kreis, während sie den ersten Vers singen. Bei der Wiederholung werden sie immer schneller und lassen sich bei „Rums" auf den Boden fallen.
♪ Singen Sie den ersten Teil des Liedes mit lauter Stimme und den zweiten Teil mit leiser Stimme oder singen Sie alles ganz leise, nur das „Rums" am Versende ganz laut.

🎵 Singen Sie das Lied und begleiten Sie die Worte „Nüsse schütteln" mit rhythmischem Klatschen. Wenn Sie zu „halfen rütteln" kommen, stampfen Sie zusätzlich mit den Füßen auf den Boden. Sie können bei diesem Spiel viele unterschiedliche Körperrhythmen einsetzen: mit den Fingern schnippen, auf die Oberschenkel schlagen, springen, hüpfen oder galoppieren.

🎵 Teilen Sie die Gruppe. Die eine Hälfte bekommt Rasseln (oder mit Sand, Reis usw. gefüllte Behälter), die andere Hälfte bekommt Klanghölzer oder andere Schlaginstrumente. Bei „Nüsse schütteln" und „halfen schütteln" treten die Rasseln und bei „Rums" die Schlaginstrumente in Aktion. Die Kinder finden es sehr spannend, wenn sie auf ihren Einsatz warten müssen und rasseln und trommeln mit großer Begeisterung, wenn sie endlich an der Reihe sind.

Ein Schneider fing 'ne Maus

ab 6 Jahre

KREATIVITÄT UND RHYTHMISCHE BEWEGUNG

**Ein Schneider fing 'ne Maus,
ein Schneider fing 'ne Maus,
ein Schneider fing 'ne Mausemaus,
Mi-Ma-Mausemaus,
ein Schneider fing 'ne Maus.**

🎵 Alle stellen sich im Kreis auf, nur der Schneider kommt in die Mitte. Beim Singen bewegen sich die Kinder im Kreis, der Schneider singt mit und geht in der entgegengesetzten Richtung in der Kreismitte herum.

🎵 Sobald das Lied zu Ende ist, „fängt" der Schneider ein Kind, das nun als Maus mit ihm im Kreis umhergeht.

🎵 Wiederholen Sie den ersten Vers mit anderen Tierarten: „Ein Schneider fing ein Pferd", „Ein Schneider fing 'ne Kuh" und so weiter. Die Gruppe der Kinder im Kreis wird immer größer, bis alle „gefangen" worden sind und das Spiel aus ist.

🎵 Besonders witzig wird es, wenn Sie beim Singen die entsprechenden Tierstimmen nachahmen und sich so bewegen wie die Tiere, die im Lied vorkommen.

🎵 Dichten Sie das Lied so um, dass es zu anderen Themen passt. Wenn Sie zum Beispiel einen Besuch im Zoo oder eine Fahrt mit der Eisenbahn planen, könnten Sie Verse machen wie „Bald gehn wir in den Zoo" oder

"Wir fahren mit dem Zug". Wörter wie „Mi-Ma-Mausemaus" oder „Zi-Za-Zuckelzug" machen Kindern besonderen Spaß und bieten außerdem die Möglichkeit, spielerisch mit Sprache umzugehen.

Brüderchen, komm tanz mit mir

ab 6 Jahre

SPIELLIED

Brüderchen, komm tanz mit mir,
beide Hände reich ich dir.
Einmal hin, einmal her,
rundherum, das ist nicht schwer.

- Je zwei Kinder stellen sich einander gegenüber und fassen sich an den Händen. Singen Sie gemeinsam das Lied und dabei gehen alle im Kreis herum. Dann wechseln Sie die Richtung und singen das Lied noch einmal.
- Statt „Brüderchen" können Sie den Vornamen eines Kindes einsetzen. Wenn er weniger als drei Silben hat, nehmen Sie noch ein anderes Wort dazu: „Lieber Tim, komm tanz mit mir". Sie können auch ein „und" einfügen: „Anna, komm und tanz mit mir".

Bruder Jakob

ab 7 Jahre

KREATIVITÄT

Bruder Jakob, Bruder Jakob,
schläfst du noch? Schläfst du noch?
Hörst du nicht die Glocken, hörst du nicht die Glocken?
Ding, dang, dong. Ding, dang, dong.

- Bilden Sie zwei Gruppen. Jede Gruppe stellt sich in einen anderen Teil des Raumes, singt das Lied und klatscht dazu in die Hände.
- Geben Sie jeder Gruppe unterschiedliche Aufgaben. Während die eine singt, kann die andere mit den Füßen auf den Boden stampfen, mit Rundhölzern begleiten oder zum Rhythmus des Liedes auf die Oberschenkel klatschen. Beim nächsten Durchgang bekommt jede Gruppe eine neue Aufgabe. Jedes Mal, wenn Sie das Lied von vorne beginnen, suchen sich die Gruppen neue Plätze im Raum.

Das Wandern ist des Müllers Lust

ab 7 Jahre

GENAU HÖREN

Das Wandern ist des Müllers Lust,
das Wandern ist des Müllers Lust,
das Wandern.
Das muss ein schlechter Müller sein,
dem niemals fiel das Wandern ein,
dem niemals fiel das Wandern,
das Wandern.

- Dies ist ein tolles Gruppenspiel.
  Setzen Sie sich im Kreis auf den Boden oder auf Stühle.
- Ein Kind ist der Müller. Während die anderen das Lied singen, wandert der Müller mit schnellem Schritt außen um den Kreis herum.
- Beim letzten Wort des Liedes, „Wandern", stellt sich der wandernde Müller hinter eines der Kinder. Dieses Kind ist nun der Müller; der erste Müller setzt sich zu den anderen in den Kreis und das Lied beginnt von neuem.

Beim Singen die Töne zu treffen ist nicht eine Fähigkeit, die man entweder beherrscht oder nicht. Wenn Sie meinen, dass Sie nicht in der Lage sind, eine Melodie tonrein zu singen, dann liegt es daran, dass Ihnen das jemand eingeredet hat und Sie immer noch daran glauben. Wenn Sie üben und versuchen, Ihre gesanglichen Fähigkeiten zu verbessern, schulen Sie gleichzeitig Ihr Gehör und können dann auch die Töne besser treffen.

Singen Sie über Sachen, die Sie im Haushalt machen. Wenn Sie dabei sind, den Tisch zu decken, machen Sie ein Lied daraus, so als wären Sie in der Oper. „Und jetzt kommt das Besteck … hier ein Messer, da ein Löffel …"

Musik ist: Singen

7 Musik ist: Instrumente

Haben Sie jemals erlebt, wie aufregend und beglückend es ist, wenn man ein Musikinstrument spielt? Hat Ihnen jemals jemand den „Flohwalzer" auf dem Klavier beigebracht oder Ihnen gezeigt, wie man auf einer Gitarre herumzupft? Stellen Sie sich vor, wie sich ein jüngeres Kind fühlt, wenn es selbst ein Instrument baut und dann darauf spielen kann? „Instrumentenbau" kann ganz einfach sein, wenn man aus einer Kaffeedose eine Trommel bastelt, die Fingerspitzen eines Handschuhs oder ein Gummiband am Hand- oder Fußgelenk mit kleinen Schellen benäht.

Wie man einfache Instrumente baut und wie man damit Musik macht

Klangstöcke
ab 5 Jahre

KOORDINATION VON HAND UND AUGE

Material
- Holzstäbe (z. B. Rundhölzer) oder Holzlineale
- Säge

Bauanleitung
- Jüngere Kinder brauchen Hilfe beim Bauen, aber größere Kinder können das meiste schon alleine machen.
- Sägen Sie die Holzstäbe auf 30 cm Länge zu. Sie können auch Holzlineale benutzen.
- Versuchen Sie, die Ränder der Lineale einzukerben. Wenn man sie aufeinander reibt, ergibt es einen interessanten Klang.
- Bleistifte und Stöckchen geben auch gute Klangstöcke ab.
- Singen oder spielen Sie Musik vom Band und klopfen Sie drauflos!

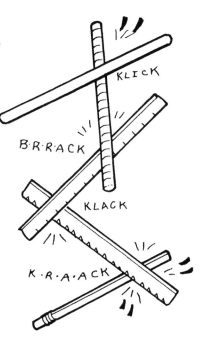

Zauberstäbe mit Bändern
ab 5 Jahre

BEWEGUNG ZUR MUSIK

Material
- Pappröhre (das Innere einer Rolle Küchenhandtücher)
- Bänder aus farbigem Papier oder Luftschlangen, 18–27 cm lang
- Hefter

Bauanleitung

♪ Die Pappröhre nehmen und mit Heftklammern bunte Papierstreifen daran befestigen.
♪ Spielen Sie den Kindern Musik vor und lassen Sie sie tanzen und dabei den Zauberstab in der Luft schwenken.
♪ Was man mit einem Zauberstab machen kann:

- **Kreise in der Luft hoch über dem Kopf und unten am Boden beschreiben.**
- **Verschiedene Buchstaben und Umrisse in der Luft beschreiben.**
- **Den Zauberstab hin- und herschwenken wie einen Scheibenwischer.**

Gefäßrasseln

ab 5 Jahre

RHYTHMISCHER AUSDRUCK

Material

- Jogurtbecher, Aluschalen oder Pappteller
- kleine Steine, getrocknete Bohnen (oder andere „schüttelbare" Sachen)
- Hefter

Bauanleitung

♪ Gefäßrasseln lassen sich aus Joghurtbechern, Aluschalen oder Papptellern herstellen, die man mit kleinen Steinen oder getrockneten Bohnen füllt und zusammenheftet.
♪ Große Muschelschalen kann man mit ganz kleinen Steinen füllen und mit Klebestreifen oder Gummiband zusammenhalten. Auf diese Weise bekommt man sehr schöne Rasseln.
♪ Trockene Bohnen oder kleine Steine in alten Breigläschen klingen unterschiedlich.
♪ Rasseln Sie mit der Rassel ganz hoch in der Luft und tief unten am Boden.

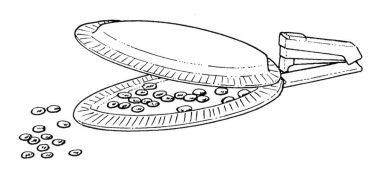

Das große Schellenrasseln

ab 5 Jahre

FEINMOTORIK

Material
- Plastikflaschen mit Griff (verschiedene Größen)
- Glöckchen oder Schellen
- bunte Holz- oder Plastikperlen
- Krepppapier
- Klebstoff
- festes Klebeband

Bauanleitung
♪ Die Kinder füllen die Plastikflasche mit ein paar Perlen und Schellen. Das macht jüngeren Kindern besonderen Spaß und es fördert die Koordination von Hand und Auge.

♪ Sie bestreichen den Innenrand des Flaschendeckels mit Klebstoff und schrauben ihn fest. Umwickeln Sie ihn zur Sicherheit noch mit Klebeband.

♪ Regen Sie die Kinder an, die Flasche mit Krepppapier zu verzieren. Die Kinder können jetzt zu ihren Lieblingsliedern den Takt rasseln.

Papptellertamburin

ab 5 Jahre

BASTELN UND SPASS MIT MUSIK

Material
- Teller aus fester Pappe
- 3 oder 4 Schellen
- Faden oder Schnur
- Locher
- Filzstifte, Wachsmalstifte, Goldglitter, usw.

Bauanleitung
♪ Mit dem Locher Löcher in den Rand des Papptellers stanzen.

♪ Den Faden oder die Schnur durch die Löcher fädeln, um die Schellen daran zu befestigen.

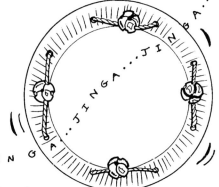

♪ Den Pappteller mit Zeichnungen, Goldglitter, usw. verzieren. Zeigen Sie den Kindern, wie man das Tamburin schüttelt oder mit der Hand schlägt.
♪ Spielen Sie Musik vom Band oder singen Sie ein Lied. Schütteln oder schlagen Sie dabei das Tamburin.

Snare Drum

ab 6 Jahre

BASTELN UND SPASS MIT MUSIK

Material
- Metallbehälter z.B. eine Keksdose
- mehrere Büroklammern aus Metall
- Pappe
- Klebeband
- Schere
- Gold- und Silberglitter, Aufkleber oder Lackstifte, wie's beliebt
- Holzlöffel, Essstäbchen oder Bleistifte

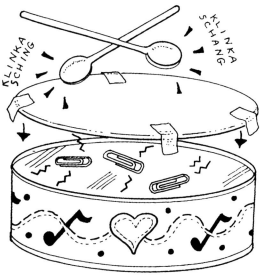

Keksdose umdrehen

Bauanleitung
♪ Den Deckel von der Keksdose nehmen und die Dose umdrehen. Die Büroklammern auf den vertieften Boden der Keksdose legen.
♪ Aus Pappe einen Kreis ausschneiden , der ein bisschen größer ist als der Boden der Keksdose und mit Klebeband über dem Boden der Keksdose befestigen.
♪ Die Trommel mit Gold- und Silberglitter, Aufklebern oder Lackstiften verzieren. Wenn es eine Weihnachtskeksdose ist, hat sie wahrscheinlich schon eine schöne Dekorationen.
♪ Geben Sie den Kindern ein paar Holzlöffel, Essstäbchen oder Bleistifte, die sie als Schlegel benutzen können.
♪ Durch die Büroklammern bekommt die Trommel einen metallischen Klang, ähnlich wie eine Snare Drum beim Schlagzeug.

Bongos

ab 6 Jahre

RHYTHMUSGEFÜHL

Material
- 2 leere Weichspülerflaschen, wenn möglich unterschiedlich groß
- Schere
- festes Klebeband, am besten Isolierband
- Hefter und Heftklammern
- bunte Klebebänder und Aufkleber

Bauanleitung
- Das Oberteil der Flaschen so abschneiden, dass ein glatter Rand stehen bleibt.
- Die Schnittkanten mit Isolierband bekleben, als Schutz für die Finger. Die Flaschenunterteile an den Seiten zusammenheften und die Heftklammern mit Klebeband überkleben.
- Die Bongos mit farbigen Klebebändern und Aufklebern verzieren. Die Kinder setzen sich auf den Boden und klemmen sich die Bongos zwischen die angewinkelten Beine.
- Spielen Sie Musik vom Band oder singen Sie selbst und die Kinder trommeln auf ihren Bongos eine Begleitmusik. Wenn sie zwei verschiedene Flaschengrößen haben, können sie einen Unterschied im Klang wahrnehmen.

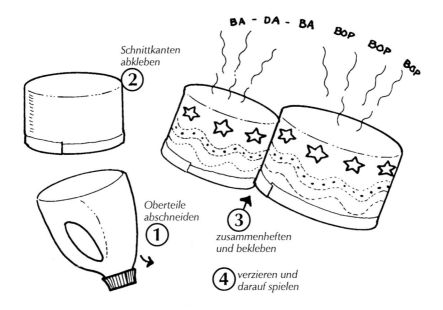

Maracas

ab 6 Jahre
RHYTHMUSGEFÜHL

Mit Maracas (oder Rumbakugeln) macht man lebhafte Musik. Sie werden normalerweise aus getrockneten, hartschaligen Kalebassen, einer Kürbisart, hergestellt und mit Samenkörnern oder kleinen Steinen gefüllt.

Material
- Filmdöschen
- Maiskörner, Erbsen, Reis oder Bohnen
- Klebstoff
- Messer
- Eisstiel
- Aufkleber mit Musikmotiven, Sprühfarbe oder andere Verzierungen

Bauanleitung
- Jedes Filmdöschen zu einem Viertel mit Maiskörnern (Erbsen, Reis oder Bohnen) füllen.
- Ein wenig Klebstoff auf die Innenkante des Deckels streichen und die Dose damit verschließen.
- Mit einem Messer einen kleinen Schlitz in den Deckel schneiden. Dabei werden einige Kinder Ihre Hilfe benötigen.
- Den Eisstiel in den Schlitz schieben.
- Wenn sie mögen, können die Kinder die Filmdöschen mit Farbe besprühen und sie mit Aufklebern verzieren.
- Singen Sie ein Lied und schütteln Sie Ihre Instrumente im Takt der Melodie.

① zu einem Viertel füllen
② mit Klebstoff bestreichen und aufsetzen
③ Deckel einschneiden
④ Eisstiel in den Schlitz schieben
⑤ verzieren und schütteln

Konservendosenglocke

ab 6 Jahre

BASTELN UND SPASS MIT MUSIK

Material
- Eine Konservendose aus Aluminium, bei der der Boden ausgeschnitten worden ist
- Hammer und Nagel
- 2 große Knöpfe
- Faden oder Schnur
- eine leere Garnrolle
- Klebstoff

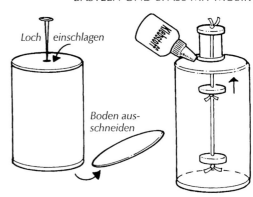

Bauanleitung
- Mit Hammer und Nagel ein Loch in den Deckel der Dose schlagen. Einen Knopf auf die Schnur fädeln und ein Schnurende verknoten.
- Den zweiten Knopf auffädeln und unter dem Knopf einen Knoten (siehe Abbildung) machen.
- Das Schnurende durch das Loch im Deckel der Dose führen, sodass die Knöpfe im Innern der Dose baumeln.
- Den Dosendeckel von außen mit Klebstoff bestreichen. Die Schnur durch die Garnrolle fädeln und dicht über dem Loch verknoten, sodass die Garnrolle fest gegen die Klebstoffschicht auf dem Dosendeckel gepresst wird. (Lassen Sie den Klebstoff trocknen, bevor Sie die Glocke benutzen.)

Blumentopfglocken

ab 6 Jahre

GENAU HÖREN

Material
- Tontöpfe in verschiedenen Größen; drei ist eine gute Anzahl
- dicke Kordelstücke, die lang genug sind, um an einen Ast gebunden zu werden
- ein Holzlöffel

Bauanleitung
- In jedes Kordelstück an einem Ende einen Knoten machen. Die Kordel durch das Loch im Boden des Blumentopfes fädeln und das

andere Ende an einen dicken Ast oder etwas anderes, von dem die Blumentöpfe baumeln können, knoten.
🎵 Die Kinder klopfen mit Holzlöffeln gegen die Blumentöpfe und lauschen den unterschiedlichen Klängen, die sie erzeugen können.
🎵 Machen Sie die Kinder darauf aufmerksam, dass die kleineren Töpfe heller klingen und die großen dunkler.

Zimbeln

ab 6 Jahre

KOORDINATION VON AUGE UND HAND

Zimbeln sind sehr gut geeignet, um die Feinmotorik und die Koordination von Auge und Hand zu fördern. In England hießen sie früher „clash-pans" (Schepperdeckel), weil sie aus zwei Topfdeckeln bestanden, die man aufeinander schlug. Zimbeln können groß oder klein sein. Die kleinen werden oft bei griechischen Tänzen eingesetzt, die großen in Sinfonieorchestern.

Material
- 2 runde Aluschalen
- Hammer und Nagel
- Pappkern einer Toilettenpapierrolle
- Schere
- 2 Musterbeutelklammern
- Aufkleber oder Metallfarbe
- Lack (nach Belieben)

Bauanleitung
🎵 Mit Hammer und Nagel in die Mitte jeder Aluschale ein Loch schlagen. Die Papprolle halbieren und je eine Hälfte mit einer Musterbeutelklammer an einer Aluschale befestigen.
🎵 Die Kinder verzieren die Schalen mit Metallfarbe oder Aufklebern. Sie singen ein Lied und am Ende jeder Zeile schlagen sie die Zimbeln.
🎵 Aus zwei Flaschendeckeln können sie Fingerzimbeln basteln. Jeweils in der Mitte ein Loch machen, durch das ein Gummiband gefädelt wird. Die Kinder streifen eine Zimbel über den Daumen, die andere über den Zeigefinger und schlagen sie aufeinander.

Der Schellenbaum

ab 6 Jahre

FANTASIE

Material

- ein Besenstiel
- alle möglichen Sachen wie Schellen, Aluschalen, Rasseln, Schlüssel, Löffel, Behälter mit Steinen und ein Windglockenspiel
- Klebeband, Klebstoff, Draht, große Heftklammern, Nägel, um die Gegenstände am Besenstiel zu befestigen
- Gummistopper (für Stuhlbeine)

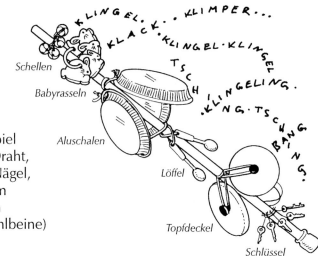

Bauanleitung:

- Nennen Sie dieses Instrument so, wie es Ihnen gefällt. Ich habe Bezeichnungen wie Spielbaum, Klingstock oder Schellenbaum erfunden.
- Nehmen Sie einen Besenstiel. Einige Besenstiele haben an einem Ende eine Sprungfeder und das ist besonders gut. Sie können auch den Stiel von einem Kinderbesen nehmen.
- Die Krachmacher mit großen Heftklammern (bei einem hölzernen Besenstiel), Telefondrähten, Schnur oder Bindfaden, Nägeln oder Isolierband befestigen.
- Als Krachmacher sind geeignet: Schellen, Aluschalen, Schlüssel, Rasseln, Behälter, die mit Steinen oder Reis gefüllt sind, zwei aneinander gebundene Löffel und Windglockenspiele.
- Den Gummistopper auf ein Ende des Besenstiels stecken. Den Schellenbaum in eine Hand nehmen und damit im Takt der Musik auf den Boden klopfen. Wenn der Schepperbaum keinen Gummi„fuß" hat, nehmen Sie eine Pappschachtel oder eine Holzkiste als Untergrund beim Klopfen.
- Der Klang ist toll. Die Kinder spielen die Begleitung zu ihren Lieblingsliedern.
- Dieses Instrument birgt unendlich viele Möglichkeiten und gibt Kindern die Chance, mit einer Vielzahl von Klängen zu experimentieren und ihrer Kreativität freien Lauf zu lassen.

Wasserglocken

ab 7 Jahre

GENAU HÖREN

Material
- 5 gleichgroße Wassergläser, mindestens 15 cm hoch
- Wasser in einem Krug
- Lineal
- Metalllöffel

Bauanleitung

🎵 Die Wassergläser in einer Reihe nebeneinander aufstellen und nummerieren.

🎵 Wasser in die Gläser gießen. Beim ersten Glas liegt der Wasserspiegel 2,5 cm hoch, beim zweiten 5 cm und so weiter. Das fünfte Glas enthält schließlich eine 12,5 cm hohe Wassersäule.

🎵 Klopfen Sie vorsichtig mit dem Löffel gegen die Gläser. Sie müssten die ersten Töne einer Tonleiter hören.

🎵 Spielen Sie z.B. die Melodie von „Auf unsrer Wiese gehet was" auf Ihren Wassergläsern. Hier ist die Reihenfolge, in der Sie gegen die Gläser klopfen:

2	5	5	5	5	4	3	2
Auf	uns	rer	Wie	se	ge	het	was,

3	3	4	4	5	5
wa	tet	durch	die	Süm	pfe.

🎵 Die nächsten beiden Zeilen - „Es hat ein schwarz-weiß Röcklein an und trägt auch rote Strümpfe" – haben dieselbe Melodie.

🎵 Experimentieren Sie mit den Tönen herum. Schütten Sie Wasser ab oder gießen Sie welches dazu. Je mehr Wasser im Glas ist, desto höher ist der Ton. Weniger Wasser ergibt einen tieferen Ton.

🎵 Wenn Sie das Wasser färben, können Sie Regenbogenmusik machen.

Flaschendeckel-kastagnetten

ab 7 Jahre

FEINMOTORIK

Material
- 2 Kronkorken
- Nagel
- Hammer
- ein Pappstreifen, 15 cm lang, auf die Hälfte gefaltet
- Schnur oder Bindfaden

Bauanleitung
♪ Mit Hammer und Nagel in der Mitte jedes Kronkorkens ein Loch stanzen. An dem Pappstreifen jeweils im Abstand von 2,5 cm vom unteren Rand zwei Löcher machen.

♪ Die Kronkorken so auf den Pappstreifen legen, dass sich die Löcher decken (siehe Abbildung). Die Schnur durch beide Löcher ziehen und gut an beiden Enden verknoten.

♪ Geben Sie den Kindern eine oder zwei Kastagnetten. Zeigen Sie ihnen, wie man sie in der Hand hält und die beiden Kronkorken aufeinander schlägt.

♪ Spielen Sie Musik mit spanischem Flair und lassen Sie die Kinder dazu tanzen, mit den Kastagnetten klappern und dabei „Olé!" rufen.

Schachtelbanjo

ab 7 Jahre

RHYTHMUSGEFÜHL

Material
- 2 Styroporschalen (zum Beispiel Verpackungen, in denen man Fleisch in der Kühltheke im Supermarkt kauft)
- Schere
- Klebstoff
- unterschiedlich breite Gummibänder
- Deckfarben und Pinsel

Bauanleitung

- Ein Rechteck von der Größe 5 cm x 10 cm aus der Bodenmitte einer der Styroporschalen ausschneiden.
- Die beiden Schalen so aufeinanderkleben, wie es in der Zeichnung abgebildet ist.
- Die Gummiringe über die Öffnung streifen. Mit unterschiedlich breiten Gummibänder kann man unterschiedliche Tonhöhen erzeugen. Je schmaler das Band ist, desto höher wird der Ton.
- Die Kinder bemalen die Schalen.
  Wenn die Farbe getrocknet ist, können die Kinder singen und die Banjosaiten dazu zupfen.

Kazoo, ganz einfach

ab 7 Jahre

SPASS MIT MUSIK

Das Kazoo ist ein Instrument, auf dem man ganz besonders einfach eine Melodie spielen kann. Die Musik entsteht, wenn man eine Melodie in das Kazoo summt. Dadurch gerät eine Membran in Schwingung und erzeugt den Klang. Es ist das ideale Instrument für jüngere Kinder.

Material

- Pappkern von Toilettenpapierrollen
- Filzschreiber
- buntes Zellophan oder Wachspapier (Butterbrotpapier), 10 cm x 10 cm
- Gummibänder

Bauanleitung

- Die Papprollen bemalen.
  Zellophanquadrat mit einem Gummiband an einem Ende der Papprolle befestigen.
- Nun können die Kinder ihre Lieblingsmelodie in das offene Ende der Papprolle summen.
- Achtung! Das kitzelt an der Oberlippe.

Kammkazoo: Ein Stück Wachspapier um einen Kamm wickeln und mit doppelseitigem Klebeband befestigen. Nun kann man sich das Kazoo an die Lippen halten und sein Lieblingslied summen. Aber Vorsicht! Auch das kitzelt am Mund.

Flöte

ab 7 Jahre

FANTASIE

Dieses Instrument sieht aus wie eine Blockflöte, wird aber wie ein Kazoo gespielt.

Material
- Papprolle (Küchenhandtücher)
- Alufolie
- kegelförmiger Pappbecher
- Klebeband
- Klebepunkte

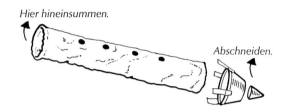

Bauanleitung
- Die Papprolle in Alufolie einwickeln. Die überstehende Folie an einem Ende zum Mundstück formen. Das Mundstück muss eine Öffnung haben, in die das Kind hineinsummen kann.
- Von dem Pappbecher die Dreiecksspitze abschneiden und den Becher am unteren Ende der Papprolle befestigen.
- Die Klebepunkte in einer Linie auf das Instrument kleben. Das sind die „Tonlöcher".
- Die Kinder spielen das Instrument wie eine Blockflöte, während sie ihre Lieblingsmelodie summen.

Mundharfe

ab 7 Jahre

LUFTSCHWINGUNGEN

Material
- 2 Holzspatel (wie die, die der Arzt benutzt, wenn er einem in den Hals guckt)
- 3 breite, große Gummibänder

Bauanleitung
- Ein Gummiband der Länge nach über den Holzspatel streifen. Den zweiten Holzspatel auf den ersten legen.
- Das zweite Gummiband nehmen und es einmal um einen der beiden Holzspatel wickeln. Dann wird es um beide Holzspatel zusammen gewickelt.

🎵 Das dritte Gummiband nehmen und den oben beschriebenen Schritt am anderen Ende wiederholen. Denken Sie daran, es erst um einen Holzspatel und dann um beide zusammen zu wickeln.

🎵 An jedem Ende der Holzspatel entsteht eine kleine Öffnung. Blasen oder summen Sie sachte in die Mitte der beiden Holzspatel.

🎵 Nun kann man eine eigene Melodie erfinden oder die Begleitung für eine bekannte spielen.

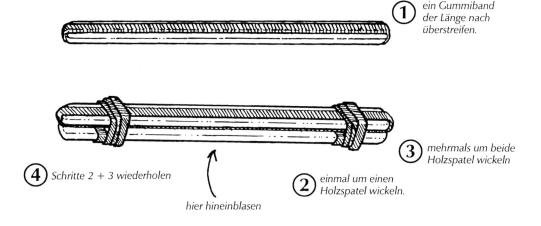

① ein Gummiband der Länge nach überstreifen.
② einmal um einen Holzspatel wickeln.
③ mehrmals um beide Holzspatel wickeln
④ Schritte 2 + 3 wiederholen
hier hineinblasen

Trommelkette

ab 7 Jahre

BEWEGUNG IM TAKT

Material
- eine Kaffeedose ohne Deckel und Boden
- Isolierband
- Hammer und Nagel
- 2 Plastikdeckel für Kaffeedosen
- Stoffband
- Metallsprühfarbe oder Aufkleber

Bauanleitung
🎵 Alle scharfen Schnittkanten mit Klebeband bekleben. In die Mitte jedes Plastikdeckels ein Loch stanzen

🎵 Das Stoffband durch das Loch fädeln und auf der Innenseite des Deckels einen Knoten machen. Machen Sie dasselbe mit dem anderen Plastikdeckel.

🎵 Die Deckel auf die Öffnungen Ihrer Kaffeedosentrommel stecken. Das Stoffband ist das Halsband.

- Die Kinder können die Kaffeedose vorher verzieren oder mit Metallfarbe besprühen. Sie können sie auch mit Klebemustern bekleben.
- Die Kinder hängen sich die Trommel um den Hals und schlagen mit den Händen oder mit einem Klangstab auf die Enden.
- Kinder haben gern eine Trommel für sich ganz allein, mit der sie herummarschieren und tanzen können.

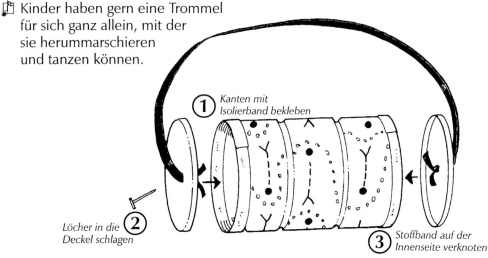

① Kanten mit Isolierband bekleben
② Löcher in die Deckel schlagen
③ Stoffband auf der Innenseite verknoten

Spiele mit Rhythmusinstrumenten

Ein Musikinstrument zu spielen ist so, als würde man eine Maschine in Gang bringen. Wenn Sie in die Hände klatschen oder mit den Füßen auf den Boden klopfen, dann geben Sie den Rhythmus mit Ihrem Körper wieder. Wenn Sie aber ein Musikinstrument spielen, lassen Sie etwas arbeiten, das nicht unmittelbar mit Ihnen verbunden ist. Damit ist eine andere Ebene kognitiven Denkens und Koordinierens angesprochen. Ein Instrument zu spielen, fördert auch die Feinmotorik und das Gehör und erfüllt ein jüngeres Kind mit großem Stolz.

Rhythmusinstrumente für Kinder

- Röhrenholztrommel
- Zimbeln
- Kastagnetten
- Klangstäbe
- Maracas
- Tamburin
- Triangel
- Schellen
- Trommeln
- Xylophon

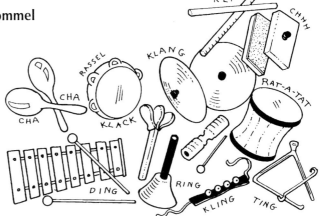

Vorschläge für den Einsatz von Klangstäben

ab 5 Jahre

KONTAKT MIT EINFACHEN MUSIKINSTRUMENTEN

♪ Klangstäbe sind Instrumente, die sehr gut für jüngere Kinder geeignet sind, weil es sich leicht auf ihnen spielen lässt.

♪ Mit Klangstäben fördert man die Feinmotorik, die Koordination von Hand und Auge und das Gehör.

♪ Es gibt drei Arten von Klangstäben:

- **ein Stock mit glatter Oberfläche, ungefähr 15 cm lang** (Wenn Sie zwei solcher Klangstäbe aufeinander schlagen, hören Sie einen weichen Klang.)
- **ein Stab mit geriffelter, eingekerbter Oberfläche** (Wenn Sie mit einem anderen Stab darauf spielen oder darüber reiben, hören Sie ein kratziges Geräusch.)
- **ein kürzerer und dickerer Stab** (Für Kinderhände sehr gut geeignet.)

♪ Setzen Sie Klangstäbe ganz gezielt ein und lassen Sie sie die Kinder nur zur Musik aufeinander schlagen. Mit Klangstäben kann man bestimmte rhythmische Passagen eines Liedes hervorheben, Wörter ersetzen oder ein bekanntes Lied begleiten.

Spiele mit Klangstäben ab 5 Jahre

SPASS AM SPIEL MIT KLANGSTÄBEN

1. Ging ein Weiblein Nüsse schütteln
♪ Singen Sie das Lied und bei „Rums" schlagen Sie die Stäbe aufeinander. Verstecken Sie sie hinter Ihrem Rücken, bis das „Rums" an die Reihe kommt. Nun sollen es die Kinder nachmachen.

2. Eins, zwei, Papagei
♪ Nun schlagen die Kinder die Stäbe im Rhythmus des folgenden Gedichts:

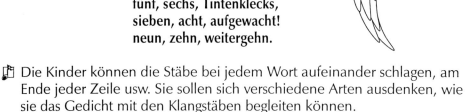

> Eins, zwei, Papagei,
> drei, vier, Goldpapier,
> fünf, sechs, Tintenklecks,
> sieben, acht, aufgewacht!
> neun, zehn, weitergehn.

♪ Die Kinder können die Stäbe bei jedem Wort aufeinander schlagen, am Ende jeder Zeile usw. Sie sollen sich verschiedene Arten ausdenken, wie sie das Gedicht mit den Klangstäben begleiten können.

3. Dem Takt folgen
♪ Nehmen Sie für dieses Spiel ein Metronom oder einen Zeitmesser. Setzen Sie sich mit den Kindern auf den Boden und schlagen Sie die Stöcke im Takt aufeinander. Verändern Sie die Geschwindigkeit, mit der das Metronom oder der Zeitmesser schlägt und denken Sie sich dazu Geschichten aus. Ein schneller Takt kann für Tiere stehen, die durch den Wald huschen. Langsame Schläge können Bären oder Elefanten sein, die durch den Wald trotten.

4. C - A - F - F - E - E
♪ Versuchen Sie, mit einem Klangstab die Kaffeekantate zu begleiten. Klopfen Sie mit dem Stab auf den Boden, wenn die Buchstaben/Notenwerte C-A-F-F-E-E gesungen werden. Nun schlagen alle die Stöcke aufeinander, anstatt die Buchstaben zu singen. Das macht Spaß und erfordert gute Koordination von Hand und Auge.

5. Klopf oder halt!
♪ Bei diesem Spiel klopfen alle mit dem Stab auf den Boden und sagen jedes Mal „klopf", wenn sie auf den Boden oder den Tisch schlagen.

Auf „halt" klopfen sie nicht mit dem Stab. Versuchen Sie die Abfolge „klopf, klopf, klopf, halt". Sie klopfen also dreimal mit dem Stab und setzen beim vierten Mal aus. Nun versuchen Sie „klopf-halt, klopf-halt". Wenn die Kinder mit diesen Rhythmen vertraut sind, sprechen Sie die Worte nicht mehr aus, sodass man nur noch das Klopfgeräusch hört.

Kommt der Musikant daher

ab 5 Jahre

GENAU HÖREN

- Singen Sie das folgende Gedicht zu der Melodie von „Brüderchen, komm tanz mit mir".

> **Kommt der Musikant daher,
> geht durch's Zimmer, kreuz und quer,
> schlägt den Stock, schwenkt die Glock',
> dingeding, tock-tock, tock-tock.**

- Lassen Sie die Kinder ein Rhythmusinstrument wählen, auf dem sie spielen, während sie zu der Musik im Zimmer umhermarschieren.
- Spielen Sie Marschmusik und lassen Sie die Kinder zu der Musik marschieren. Stücke von John Philip Sousa sind gut geeignet, aber Sie können es auch mit dem Radetzkymarsch von Johann Strauß Sohn versuchen.

Farben und Instrumente

ab 5 Jahre

„ANHALTEN" UND „WEITERMACHEN"

- Geben Sie den Kindern ein Rhythmusinstrument, das sie besonders mögen.
- Wenn sie sich Schellen aussuchen, zeigen Sie ihnen, wie sie den Klang stoppen, indem sie die freie Hand über die Hand legen, die die Schelle hält, so als würde man eine Decke darüberlegen.
- Sie brauchen zwei Fähnchen, ein rotes und ein grünes.

- 🎵 Wenn Sie die grüne Fahne hochheben, ist dies das Zeichen, dass das Instrument gespielt werden soll. Wenn Sie die rote Fahne zeigen, heißt das „anhalten".
- 🎵 Singen Sie die folgenden Zeilen zu der Melodie von „Es, es, es und es".

Wenn, wenn, wenn und wenn, wenn die grüne Fahne weht, dann, dann, dann und dann, ja, dann spielt die Musik.

Wenn, wenn, wenn und wenn, wenn die rote Fahne weht, dann, dann, dann und dann, ja, dann schweigt die Musik.

- 🎵 Wenn Sie das Spiel ein paar Mal gespielt haben, erinnern Sie die Kinder an rote und grüne Ampeln, die Sie sehen, wenn Sie mit dem Auto oder zu Fuß unterwegs sind.

Klangstabklänge

ab 6 Jahre

UNTERSCHEIDUNG VON LAUTEN UND LEISEN KLÄNGEN

- 🎵 Dieses Spiel vermittelt die Begriffe „laut" und „leise". Wir alle machen ständig laute und leise Geräusche, aber wir sind uns dieser Tatsache nicht immer bewusst.
- 🎵 Nehmen Sie einen Klangstab und zeigen Sie den Kindern, wie das Spiel geht. Klopfen Sie mit dem Stab dreimal laut auf den Boden und sagen Sie dazu: „Laut, laut, laut".
- 🎵 Klopfen Sie mit dem Stab dreimal leise auf den Boden und sagen Sie dazu: „Leise, leise, leise".
- 🎵 Klopfen Sie ein paar Mal gemeinsam mit den Kindern auf den Boden, mal laut, mal leise und sagen Sie dabei die entsprechenden Worte.
- 🎵 Versuchen Sie, das Wort „laut" mit lauter Stimme zu sagen und das Wort „leise" mit leiser Stimme.
- 🎵 Lassen Sie die Kinder sagen, ob Sie laut oder leise mit dem Stab klopfen. Nehmen Sie auch andere Instrumente, um laute und leise Klänge zu erzeugen. Trommeln, Röhrenholztrommeln und Tamburine sind gut geeignet.

Noch mehr Spiele mit Klangstäben

ab 6 Jahre

KOORDINATION UND GEHÖR

- Das Lied „Es klappert die Mühle am rauschenden Bach" ist gut für rhythmische Übungen geeignet. Setzen Sie sich mit den Kindern auf den Boden und nehmen Sie alle einen Klangstab in die Hand.
- Singen Sie die erste Strophe von „Es klappert die Mühle am rauschenden Bach":

> **Es klappert die Mühle am rauschenden Bach,**
> **klipp, klapp!**
> **Bei Tag und bei Nacht ist der Müller stets wach,**
> **klipp, klapp!**
> **Er mahlet uns Korn zu dem kräftigen Brot,**
> **und haben wir dieses, dann hat's keine Not.**
> **Klipp, klapp, klipp, klapp, klipp, klapp.**

- Eine Hälfte übernimmt das „klipp" mit dem Klangstab, die andere das „klapp". Versuchen Sie, mit den Klangstäben auf zwei unterschiedliche Oberflächen zu klopfen und so zwei verschiedene Töne zu erzeugen.
- Singen Sie die beiden anderen Strophen des Liedes.

Mit meinem kleinen Stöckchen

ab 6 Jahre

GENAU HÖREN

- Singen Sie das folgende Gedicht zu der Melodie von „Alle meine Entchen".

> **Mit meinem kleinen Stöckchen**
> **spiel' ich Dirigent,**
> **spiel' ich Dirigent.**
> **Hab' keine Musikanten**
> **und auch kein Instrument.**

Musik ist: Instrumente   Aber ich kann doch gar nicht singen

- ♪ Die Kinder schlagen die Stäbe aufeinander, während Sie gemeinsam singen.
- ♪ Veranlassen Sie sie, mit den Stäben auf verschiedene Oberflächen zu klopfen und dabei das Lied zu singen.
- ♪ Singen Sie das Lied und lassen Sie die Kinder so tun, als seien sie Dirigenten.

Spiele mit Schlaginstrumenten

ab 6 Jahre

FÜHRT WEITERE RHYTHMUSINSTRUMENTE EIN

Trommeln

Spielen Sie laut, leise, schnell und langsam auf einer Trommel. Lassen Sie die Kinder zu der lauten Musik und zu der leisen Musik tanzen und dann zur schnellen und langsamen. Wenn Sie die Trommel am Rand schlagen, ist der Ton höher als wenn Sie in der Mitte schlagen. Das liegt daran, dass das Trommelfell in der Mitte nicht so straff gespannt ist und daher die Schwingungen langsamer sind.

Röhrenholztrommeln

Röhrenholztrommeln sind sehr raffinierte Instrumente. Sie bestehen aus zwei unterschiedlich dicken Teilen. Je nachdem auf welche Seite Sie schlagen, hören Sie einen anderen Ton. Röhrenholztrommeln sind ideal, wenn Sie den Kindern beibringen wollen, verschiedene Töne zu unterscheiden.

Schellen, Maracas und Tamburine

Diese Instrumente sind einander sehr ähnlich. Sie können alle mit unterschiedlicher Geschwindigkeit und Intensität und mit verschiedenen Rhythmen gespielt werden. Daher sind sie gut für Spiele geeignet, in denen die Kinder hohe und tiefe Töne, schnelle und langsame, laute und leise Geräusche „erhören" sollen. Man kann sie auch bei Zählreimen einsetzen. Sagen Sie den Kindern zum Beispiel, dass sie die Maracas viermal schütteln sollen.

Trommelschläge

ab 6 Jahre

GENAU HÖREN

- Spielen Sie verschiedene Rhythmen auf einer Handtrommel. Sie können auch mit einem Holzlöffel auf einen Metalltopf schlagen.
- Beginnen Sie mit einem gleichmäßigen Rhythmus und sagen Sie den Kindern, dass sie zum Schlag der Trommel umhergehen sollen. Wenn die Trommel schweigt, sollen sie stehen bleiben.
- Nehmen Sie nun einen neuen Rhythmus dazu. Spielen Sie schneller und sagen Sie den Kindern, dass sie im Rhythmus des Trommelschlages laufen sollen. Wenn der Trommelschlag aufhört, sollen sie stehen bleiben.
- Wechseln Sie nun zwischen den beiden Rhythmen.
  Spielen Sie andere Rhythmen und verbinden Sie sie mit bestimmten Bewegungen. Zu einem Wechsel von lauten und leisen Schlägen kann man zum Beispiel gut hüpfen. Zu einem Wischklang könnte man gleiten und zu einem sehr leisen Klang geht man auf Zehenspitzen.

Der Kuckuck ist zu Haus'

ab 6 Jahre

UHRZEITEN

- Sagen Sie das folgende Gedicht. Auf „tick-tack" schlagen Sie Ihre Klangstäbe aufeinander.

  **Tick-tack, tick-tack,
  der Kuckuck ist zu Haus'.
  Tick-tack, tick-tack,
  wann schaut er heraus?
  Tick-tack, tick-tack,
  so vergeht die Zeit,
  tick-tack, tick-tack,
  bis der Kuckuck schreit:
  Kuckuck, Kuckuck, Kuckuck.**

- Versuchen Sie, das Wort „Kuckuck" mit dem Kazoo zu sagen.
  Sagen Sie den Kindern, wie spät es ist und lassen Sie sie die entsprechende Zahl in „Kuckuck" sagen. Wenn es drei Uhr ist, gibt es dreimal „Kuk-kuck".

Ich bin ein Musikante

ab 6 Jahre

NAMEN VON MUSIKINSTRUMENTEN

- Besorgen Sie sich kleine Nachbildungen von Musikinstrumenten in einem Spielzeuggeschäft.
- Machen Sie ein Mobile daraus, indem Sie die Instrumente an einen Kleiderbügel hängen.
- Spielen Sie das folgende Spiel mit den Kindern. Singen Sie das Lied „Ich bin ein Musikante" und zeigen Sie dabei auf die Instrumente, die im Text vorkommen. Erfinden Sie neue Strophen, wenn Sie nicht alle Instrumente erwähnt finden, die Sie an Ihrem Mobile hängen haben.

> Ich bin ein Musikante und komm aus Schwabenland.
> Ich bin ein Musikante und komm aus Schwabenland.
> Ich kann auch spielen,
> auf der Trompete:
> Tätäterä, tätäterä, tätäterätätä.
>
> ... auf meiner Geige: Fidel gei, gei, gei ...
> ... auf meiner Pauke: Bumbum berum ...
> ... auf dem Klaviere: Greif mal hier hin, greif mal da hin ...
> ... auf der Klarinette: Dudel nett, nett, nett ...
> ... auf meiner Flöte: (Refrain pfeifen)
> ... auf der Posaune: po-wau, wau, wau ...
> ... auf der Gitarre: Dumm, dumm, schrumm, schrumm ...

- Lassen Sie die Kinder ein Instrument auswählen, das sie gerne spielen möchten. Sie machen die typischen Spielbewegungen dazu und ahmen dabei die passenden Klänge nach.

Fantasie auf Instrumenten

ab 6 Jahre

KREATIVITÄT

🎵 Setzen Sie Instrumente ein, um Geschichten oder Gedichte mit passenden Geräuschen zu begleiten.

> **Triangel:** erzeugt leises Klingeln, das gut zu Feen und Elfen passt
> **Röhrenholztrommeln:** klingen wie Uhrenticken

🎵 Wenn Sie keine Musikinstrumente zur Verfügung haben, versuchen Sie es mit einfachen Gerätschaften aus der Küche: Löffel (aus Metall oder Holz), Quirl, Pinsel oder Bürsten auf Töpfen.

🎵 Versuchen Sie es mit dem Gedicht von den Heinzelmännchen. Hier ist die erste Strophe als Beispiel:

> **Wie war zu Köln es doch vordem**
> **mit Heinzelmännchen so bequem!**
> **Denn, war man faul, man legte sich**
> **hin auf die Bank und pflegte sich.** (Erzeugen Sie ein Schnarchgeräusch, indem Sie einen Holzklotz über ein Stück Schaumstoff „sägen".)
> **Da kamen bei Nacht,**
> **eh' man's gedacht,**
> **die Männlein und schwärmten** (Machen Sie leises Trippeln und Huschen, indem Sie mit einem weichen Klöppel auf ein Xylofon schlagen und mit der Triangel klimpern.)
> **und klapperten und lärmten** (Klappern Sie mit Löffeln auf die Tischplatte, und werfen Sie alle möglichen Gegenstände auf den Boden oder den Tisch; schlagen Sie mit einem harten Klöppel wahllos auf dem Xylofon herum.)
> **und rupften und zupften** (Zwei Klanghölzer immer wieder kurz aufeinander reiben.)
> **und hüpften und trabten** (Auf dem Xylofon zwei oder mehr Töne in rascher Folge hintereinander anschlagen.)
> **und putzten und schabten –** (Mit der Handfläche über eine Trommel oder einen raue Oberfläche wischen.)
> **und eh' ein Faulpelz noch erwacht',**
> **war all sein Tagewerk bereits gemacht.**

Auf Wiedersehen, Erde! ab 6 Jahre

ASSOZIATIONEN ZU KLÄNGEN

♪ Sagen Sie das folgende Gedicht. Nehmen Sie dann Rhythmusinstrumente, mit denen Sie Weltallmusik machen können. Beginnen Sie mit einem lauten Knall, mit dem das Raumschiff startet. Je weiter es sich von der Erde entfernt, desto leiser werden seine Motorengeräusche. Tun Sie so, als würden Sie im All schweben und spielen Sie dazu „klingelige" Musik.

**Eins ist eins und zwei ist zwei,
wir fliegen ins All, bist du auch dabei?**

**Drei ist drei und vier ist vier,
die Tür ist zu und schon starten wir.**

**Fünf ist fünf und sechs ist sechs,
die ganze Welt nur noch ein Klecks.**

**Sieben ist sieben und acht ist acht,
die Schwerkraft hat hier keine Macht.**

**Neun ist neun und zehn ist zehn,
wir kehr'n zurück, es war sehr schön.**

♪ Begleiten Sie Ihre Rückkehr zur Erde wiederum mit den Rhythmusinstrumenten.

He, Herr Montag! ab 6 Jahre

WOCHENTAGE UND KREATIVITÄT

♪ Setzen Sie sich mit den Kindern auf den Boden. Jedes Kind bekommt einen Wochentag zugeteilt. Wenn mehr als sieben Kinder mitspielen, bekommen zwei oder mehr Kinder je einen Wochentag. Wenn weniger als sieben Kinder teilnehmen, kann jedes Kind mehrere Tage bekommen.

♪ Jeder Mitspieler hält ein Rhythmusinstrument in den Händen.
Sagen Sie: „He, Herr Montag, spiel mir etwas vor."

♪ Das „Montagskind" spielt auf seinem Instrument. Sagen Sie ihm, dass es ganz nach Belieben spielen kann.

♪ Nun kommen Herr oder Frau Dienstag an die Reihe:
„He, Frau Dienstag, spiel mir etwas vor."
♪ Das „Dienstagskind" spielt auf seinem Instrument.
Nennen Sie nacheinander die Wochentage, bis alle Kinder an der Reihe waren.
♪ Wenn Sie alle unterschiedliche Instrumente spielen, tauschen Sie nach dem ersten Durchgang.
♪ Fügen Sie weitere Anweisungen hinzu: Spiel mir eine leise Melodie usw.

Rhythmus erzählt Geschichten

ab 7 Jahre

FANTASIE UND GEHÖR

♪ Wenn Sie mit dem Klangstab (oder mit einem Holzlöffel) auf verschiedene Oberflächen klopfen, kommen dabei viele unterschiedliche Klänge heraus. Überlegen Sie gemeinsam mit den Kindern, wonach ein Geräusch klingt. Zum Beispiel:

> **auf der Tischplatte – klingt wie Regentropfen**
> **auf dem Fußboden – klingt wie Hammerschläge**
> **an der Fensterscheibe** (ganz vorsichtig!) **– klingt wie ein Specht**
> **auf Metall – klingt wie ein Echo im Tunnel**
> **auf einem Schuh – klingt wie ein tropfender Wasserhahn**

♪ Wählen Sie drei unterschiedliche Klänge aus und erfinden Sie eine Geschichte, in der die Klänge vorkommen. Zum Beispiel: Eines Tages verdunkelte sich der Himmel und es begann zu regnen. (Machen Sie mit Ihren Stäben ein Geräusch wie Regentropfen.) Andreas (oder der Name eines anderen Kindes) lief nach draußen, um seine Spielsachen wegzuräumen und hörte ein lautes Klopfen, das von einem Baum im Garten kam. Er ging hin und sah einen Specht (klopfen Sie mit Ihren Stäben an die Fensterscheibe), usw.

♪ Suchen Sie sich ein Märchen oder eine andere Geschichte aus, die die Kinder kennen und wählen Sie verschiedene Oberflächen aus, auf die Sie mit den Stäben klopfen können. Das Märchen von Hänsel und Gretel ist gut geeignet. Klopfen Sie mit den Stäben jeweils auf eine andere Oberfläche, wenn Sie von Hänsel, Gretel oder der Hexe erzählen.

Musik ist: Instrumente

Forschungen, die der Neurologe Frank Wilson vor kurzem durchgeführt hat, zeigen, dass ein Musiker beim Musizieren annähernd 90 Prozent seines Gehirns einsetzt. Wilson konnte keine andere Aktivität finden, bei der das Gehirn so beansprucht wird. Er schloss daraus, dass ein Kind, das regelmäßig singt oder ein Instrument spielt, sein ganzes Gehirn trainiert.

Wissenschaftliche Untersuchungen im Bereich der Kunst belegen, dass Kinder mit schwach entwickelten schulischen Grundfähigkeiten durch Erfahrungen in Kunst und Tanz in ihren schulischen Leistungen erfolgreicher werden.

Musik ist: Spaß

Einem tropfenden Wasserhahn zuhören, im Takt eines Metronoms marschieren, Geräusche auf einem Kassettenrekorder erraten, Klänge in der Umgebung nachahmen, Unsinnstexte zu einem Lied erfinden – all das und noch viel mehr lässt sich unter der Überschrift „musikalische Aktivitäten" erfassen. Mit Hilfe der Musik können wir Gedanken, Gefühle, Stimmungen und Kreativität ausdrücken. Kinder fühlen sich nicht an Regeln gebunden - sie interpretieren Musik so, wie es ihnen in den Sinn kommt, vor allem wenn sie noch klein sind. Sie erfinden neue Strophen, Melodien oder fantasievolle Bewegungen zu bekannten Liedern. Kinder, die tanzen, singen, sich bewegen und Rhythmen erleben, lernen dabei Mathematik, Sprachfertigkeiten, Kreativität, Koordination und andere wichtige Fertigkeiten und Begriffe. Sie lernen, indem sie etwas machen und deshalb verinnerlichen sie die Begriffe und steigern ihre Lernfähigkeit.

vergnügliche Aktivitäten und Spiele, die Fertigkeiten und Begriffe vermitteln

Wortspiele

ab 5 Jahre

SPRACHENTWICKLUNG UND KREATIVITÄT

- Erinnern Sie sich an Lieder, die – meist zu Unsinnstexten – umgedichtet wurden? Beispielsweise „Sah ein Knab ein Röslein stehn" in „Sah ein Knab ein Höslein stehn, ganz aus grü-huner Seide". Den Text eines bekannten Liedes zu verändern ist eine wunderbare Methode zur Förderung der Kreativität.
- Nehmen Sie ein Lied, das die Kinder gut kennen. Alte Bekannte wie „Alle meine Entchen", „Der Kuckuck und der Esel" und „Hänschen klein" eignen sich sehr gut, aber auch „Old MacDonald had a farm" oder „Bruder Jakob".
- Versuchen Sie, „In Old MacDonalds Supermarkt" zu singen und flechten Sie alle möglichen Sachen aus dem Supermarkt mit ein. Denken Sie sich Geräusche aus, die dazu passen.

>   **Orangensaft – schlürf, schlürf**
>   **Möhren – knabber, knabber**
>   **Schokolade – hm, hmmmm**

- Bei „Der Kuckuck und der Esel" setzen Sie andere Tiere ein. Machen Sie ihren Gesang nach: statt „Kuckuck, kuckuck, ia" vielleicht „Wauwau, wauwau, miau".
- „Bruder Jakob" als Kanon zu singen macht großen Spaß. Anstatt „… hörst du nicht die Glocken? Ding, dang, dong". können Sie andere „Geräuschemacher" einsetzen und die Klänge nachahmen, die sie von sich geben. Zum Beispiel:

... hörst du nicht das Telefon? Brrrr brrrr brrr ...
... hörst du nicht den Wecker? Bimmelim ...
... hörst du nicht wie's klingelt? Drrr drrr drrr ...

♪ Versuchen Sie auch, den Kanon auf etwas andere Weise zu singen. Geben Sie jedem Kind eine Rolle als „Geräuschemacher" mit dem dazugehörigen Läuten, Klingeln, Rasseln, Schnarren oder Klopfen. Alle Sänger beginnen das Lied zur gleichen Zeit und singen gemeinsam: „Bruder Jakob, Bruder Jakob". Dann folgen nacheinander die verschiedenen „Geräuschemacher": „Hörst du nicht die Glocken? Hörst du nicht die Glocken?" und „Hörst du nicht das Telefon? Hörst du nicht das Telefon?" und „Hörst du nicht den Wecker?" und so weiter. Dann singen wieder alle gemeinsam, aber mit unterscheidlichem Text. Die Glocke setzt mit „ding, dang, dong" ein, gleichzeitig singt das Telefon „brr, brrrr, brrr" und der Wecker klingelt „bimmelim". Das Ergebnis ist ein wildes Durcheinander von Geräuschen, das sich wahrscheinlich sehr bald in Gelächter auflöst.

Der Ball der Tiere

ab 6 Jahre

VERSCHIEDENE TIERNAMEN

Mich dünkt, wir geben einen Ball! sprach die Nachtigall.
So? sprach der Floh.
Was werden wir essen? sprachen die Wespen.
Nudeln! sprachen die Pudeln.
Was werden wir trinken? sprachen die Finken.
Bier! sprach der Stier.
Nein, Wein! sprach das Schwein.
Wo werden wir denn tanzen? sprachen die Wanzen.
Im Haus! sprach die Maus.

🎵 Basteln Sie Karten aus fester Pappe, auf die Sie Bilder der Tiere kleben, die im Gedicht vorkommen.

🎵 Die Kinder sitzen im Kreis und jedes Kind bekommt eine Karte. Üben Sie gemeinsam das Gedicht ein, indem Sie die Kinder zunächst jede Zeile nachsprechen lassen. Wenn alle mit dem Text vertraut sind, können Sie das Gedicht mit verteilten Rollen sprechen. Geben Sie die wörtliche Rede vor – „Mich dünkt, wir geben einen Ball!" – und die Kinder ergänzen den Rest der Zeile: „ … sprach die Nachtigall". Dabei hilft der Reim, sich an das Tier zu erinnern, das da gerade spricht.

🎵 Ältere Kinder können schon ohne Vorgabe einzelne Zeilen aufsagen. Dabei übernimmt das Kind mit der Nachtigallenkarte die erste Zeile, dann folgt das Kind mit der Flohkarte und so weiter.

🎵 Sprechen Sie über die einzelnen Tiere und überlegen Sie gemeinsam, wo sie leben und was sie fressen.

🎵 Spinnen Sie die Geschichte weiter. Lassen Sie vielleicht noch andere Tiere zum Thema „Wo werden wir tanzen?" zu Wort kommen:

> **Auf dem Tisch! sprach der Fisch.**
> **Ohne Schuh! sprach die Kuh.**
> **Wange an Wange! sprach die Schlange.**
> **Ausgeschlossen! sprach der Zossen.**
> **Wann gehen wir nach Haus? sprach die Laus.**
> **Um zwölfe! sprachen die Wölfe.**

🎵 Die Henne möchte vielleicht auf der Tenne tanzen, die Tauben wünschen sich Trauben zum Festmahl, die Meise träumt von Götterspeise, das Reh hätte gern einen Tee … je verrückter, desto besser!

Rate das Wort! ab 6 Jahre

KOGNITIVE FÄHIGKEITEN

🎵 Pfeifen, summen oder spielen Sie den Kindern ein Lied vor, das sie kennen und mögen.

🎵 Lassen Sie die Kinder raten, um welches Lied es sich handelt. Pfeifen, summen oder spielen Sie das Lied noch einmal, aber diesmal machen Sie bei einem bestimmten Wort eine Pause und lassen die Kinder das Wort erraten.

🎵 Für den Anfang ist es am besten, wenn Sie vor dem letzten Wort in jeder Zeile anhalten. Zum Beispiel: „Mein Hut, der hat drei ………..". Die Kinder ergänzen das Wort „Ecken".

Fischer, wie tief ist das Wasser?

ab 6 Jahre

GENAU HÖREN

- Bei dieser Abwandlung des Fangspiels geht es um verschiedene Stimmlagen. Eines der Kinder ist der Fischer. Er stellt sich auf eine Seite des Schulhofes (des Hofes, des Zimmers), die restlichen Kinder stehen ihm gegenüber auf der anderen Seite.
- Sie fragen: „Fischer, wie tief ist das Wasser?" Der Fischer antwortet mit irgendeiner Meterangabe:"Siebenhundert Meter tief!" Darauf fragt die Gruppe: „Wie kommen wir hinüber?"
- Der Fischer gibt nun Anweisungen, wie die Kinder ihre Stimme verändern sollen: „Fragt mit leiser Stimme."
- Also fragen die Kinder ganz leise: „Fischer, wie tief ist das Wasser?" Wiederum folgen Wassertiefe, die Frage, wie man hinüberkommt und die Antwort des Fischers: „Fragt mit hoher Stimme." So geht das Spiel immer weiter. Die Kinder müssen jeweils in der Stimmlage weiterfragen, die der Fischer fordert. Er kann verlangen, dass die Kinder mit tiefer Stimme, ganz langsam, mit leiser Stimme, mit trauriger Stimme, mit einer albernen Stimme, mit quakiger Stimme, mit heiserer Stimme fragen. Es gibt noch viele andere Möglichkeiten. Der Fischer entscheidet, wann die Kinder zum anderen Ufer hinüberdürfen. Er selbst benutzt übrigens jeweils die Stimmlage, die er von den Kindern hören will.

Wie spät ist es?

ab 6 Jahre

UHRZEITEN

- Sagen Sie das Gedicht auf. Bei „um eins" heben Sie einen Finger, bei „um zwei" heben Sie den zweiten Finger und so weiter, bis alle bei „vormittags um zehn" alle zehn Finger hochhalten.
- Dieses Spiel kann das Zählenlernen fördern und bietet einen guten Einstieg für das Erlernen der Uhrzeiten, wenn Sie den Kindern an einer Uhr mit Zeigern vormachen, wie der kleine Zeiger mit jeder Stunde ein Stückchen weiter rückt. Bei „in der Nacht um eins" steht er auf ein Uhr, bei „in der Nacht um zwei" steht er auf der zwei und so weiter.
- Bewegen Sie sich zum Rhythmus des Gedichts – klatschen Sie, wiegen Sie sich hin und her, nicken Sie mit dem Kopf und so weiter.

Geisterstunden

Zwölf Uhr, Mitternacht,
Zeit, dass das Gespenst erwacht.
Doch in der Nacht um eins
seh ich noch immer keins.
In der Nacht um zwei,
da scheppert allerlei.
In der Nacht um drei
gibt es ein Geschrei.
In der Nacht um vier
spielt das Gespenst Klavier.
In der Früh um fünf
sucht es seine Strümpf'.
In der Früh um sechs
plaudert's mit der Hex'.
In der Früh um sieben
wär's gern noch geblieben.
Vormittags um acht,
wenn die Sonne lacht,
geht es in die Scheune
und spukt dort bis um neune.
Vormittags um zehn
ist es Zeit zu gehn.

Klangwellen — ab 6 Jahre
GENAU HÖREN

- Spielen Sie Instrumentalmusik, in der es oft auf und ab geht. Die Sinfonien von Mozart und Haydn sind ideal dafür.
- Hören Sie das Stück gemeinsam mit den Kindern an und bewegen Sie dabei die Hand nach oben, wenn die Musik nach oben geht. Wenn die Musik tiefer wird, senken Sie die Hand.
- Geben Sie den Kindern Stift und Papier und lassen Sie sie Wellenlinien malen, während sie den Höhen und Tiefen in der Musik lauschen.
- Denken Sie daran, dass Sie die Zeit zum Zuhören auf drei bis vier Minuten beschränken.
- Hängen Sie das musikalische Kunstwerk an die Wand, sodass es alle sehen können.

Wir sind die Musikanten — ab 6 Jahre
DIE BEGRIFFE „NAH" UND „FERN"

- Der Text dieses Liedes ist eine Abwandlung von „Wir sind zwei Musikanten und komm' aus Schwabenland". Wenn Sie die Melodie nicht kennen, erfinden Sie selbst eine oder sprechen Sie die Worte einfach.

- 🎵 Sprechen Sie mit den Kindern über „nah" und „fern". Verändern Gegenstände ihre Größe, wenn sie weit entfernt sind? Warum sehen sie größer aus, wenn wir sie aus der Nähe betrachten? Unterhalten Sie sich auch darüber, dass Geräusche leiser klingen, wenn sie weit entfernt sind.
- 🎵 Bilden Sie zwei Gruppen. An einem Ende des Zimmers stellt sich die eine Gruppe in einer Reihe auf. Sie marschieren auf die andere Gruppe zu, die auf der anderen Seite steht.
  Dabei singen sie:

  > Wir sind zwei (drei, vier, ….)
  > Musikanten und kommen von weit her.
  > Wir sind zwei (drei, vier, ….)
  > Musikanten und kommen von weit her.
  > Wir können spielen Vio-, Vio-, Violin.
  > Wir können spielen Bass, Viol' und Flöt'.
  > Und wir könn'n tanzen, hoppsassa, hoppsassa, hoppsassa,
  > und wir könn'n tanzen, hoppsassa, hoppsassa, hoppsassa.

- 🎵 Sagen Sie den Kindern, dass sie erst leise und dann immer lauter singen sollen je mehr sie sich der anderen Gruppe nähern. Möglicherweise müssen Sie das laute und leise Singen steuern.
- 🎵 Wenn beide Gruppen an der Reihe gewesen sind, verteilen Sie Rhythmusinstrumente und spielen das Spiel noch einmal. Diesmal begleiten die Rhythmusinstrumente den Gesang.

Das Dirigentenspiel

ab 6 Jahre

GENAU HÖREN

- 🎵 Der Dirigent eines Orchesters ist der Leiter, derjenige, der die Befehlsgewalt hat, der Boss. Der Dirigent kontrolliert, wie schnell oder langsam, wie laut oder leise die Musik gespielt wird und er gibt den Takt vor (den gleichmäßigen Rhythmus).
- 🎵 Die Musiker im Orchester müssen den Dirigenten genau beobachten, sodass alle die Musik auf dieselbe Weise und zur gleichen Zeit spielen.
- 🎵 Einige Dirigenten benutzen bei ihrer Arbeit einen Taktstock. Das ist ein kurzes, dünnes Stöckchen. Andere Dirigenten benutzen zum Dirigieren ihre Hände.
- 🎵 Kinder spielen gerne Dirigent, weil es ihnen ein Gefühl von Macht vermittelt.

♪ Der Dirigent sagt: **Ihr seid das Orchester, ich bin der Dirigent. Ich gebe hier den Einsatz für jedes Instrument.**

♪ Spielen Sie Musik ab und lassen Sie die Kinder dazu dirigieren. Wenn Sie das ein paar Mal probiert haben, zeigen Sie Ihren kleinen Maestros, mit welchen Handzeichen sie ihrem Orchester sagen können, wie die Musik gespielt werden soll.

> **Laut:** Beide Hände vor das Gesicht heben. Die Handflächen sind dabei dem Mund zugewandt. Schüttle die Hände vor dem Gesicht.
> **Leise:** Die Finger auf den Mund legen, so als wolltest du 'shhhhhhh!' sagen.
> **Schnell und langsam:** Mach mit der Hand oder dem Taktstock schnelle oder langsame Bewegungen.

> Lernen sollte Spaß machen. Ich habe die Erfahrung gemacht, dass Kinder umso mehr lernen, je mehr Spaß in den Lernprozess integriert ist.

Spiele mit dem Kassettenrekorder

ab 6 Jahre

GENAU HÖREN

♪ Hier sind ein paar Ton-, Klang- und Geräuschspiele, die Sie mit Hilfe eines Kassettenrekorders spielen können. Dafür eignet sich die CD „Alltagsgeräusche", die beim Verlag an der Ruhr erschienen ist.

Geräuscheraten
♪ Wählen Sie drei Geräusche aus, die Sie auf Band aufnehmen, zum Beispiel das Schlagen einer Tür, Wasser, das ins Waschbecken läuft, ein eingeschaltetes Radio. Sagen Sie zu den Kindern: „Das Geräusch, an das ich denke, ist … " Dann beschreiben Sie eines der Geräusche. Spielen Sie das Band oder die CD ab und lassen die Kinder raten, welches der drei Geräusche Sie beschrieben haben.

Wo hörst du das?

- Nehmen Sie fünf Geräusche auf Band auf, zum Beispiel das Läuten der Türglocke, Schreibmaschinengeklapper, Getrommel, Gelächter und Flüstern.
- Spielen Sie den Kindern alle Geräusche vor.
  Dann spielen Sie die Geräusche eines nach dem anderen vor und fragen die Kinder: „Wo würdet ihr dieses Geräusch hören?" und „Wer (oder was?) macht dieses Geräusch?"

Eins nach dem Anderen

- Nehmen Sie drei Geräusche auf Band auf.
  Spielen Sie sie den Kindern vor und sprechen Sie über jedes Einzelne, nachdem Sie es angehört haben.
- Fragen Sie die Kinder, welches Geräusch das Erste, das Zweite und das Dritte war.
- Hören Sie sich die Geräusche noch einmal an, aber diesmal benennen Sie sie nicht, sondern machen sie nach.
- Fragen Sie die Kinder wieder, welches Geräusch das Erste, das Zweite und das Dritte war. (Wenn die Kinder schon älter sind, fügen Sie drei neue Geräusche hinzu, die Sie gemeinsam nachahmen.) Dieses Spiel ist ideal, um Reihenfolgen einzuüben.

Geräusche und Geschichten

- Nehmen Sie eine Reihe von Geräuschen auf, die alle zum selben Thema gehören. Für den Anfang sind besonders Schulgeräusche, Geräusche im Haus oder Geräusche im Freien gut geeignet.
- Spielen Sie den Kindern die Geräusche vor. Stellen Sie sicher, dass sie sie einordnen können.
- Erfinden Sie eine Geschichte, die zu den Geräuschen passt. Dies ist ein sehr kreatives Spiel. Als zusätzliche Herausforderung können Sie jedes Mal eine neue Geschichte erfinden, wenn Sie die Geräusche anhören.

Ein Spiel mit Gesang

- Das nächste Mal, wenn Sie den Kindern ein Lied beibringen wollen, nehmen Sie sich selbst auf Band auf.
- Spielen Sie das Band ab und klatschen Sie im Rhythmus der Musik in die Hände, während Sie sich selbst singen hören.
- Versuchen Sie zuzuhören und gleichzeitig eine Trommel zu schlagen. Nun schlagen Sie den Kindern vor, ihren eigenen Gesang auf Band aufzunehmen.

Anweisungen vom laufenden Band

🎵 Dieses Spiel können Sie mit den Kindern zusammen spielen oder die Kinder alleine spielen lassen.

🎵 Stellen Sie ein Band zusammen, auf dem Sie den Kindern Anweisungen geben, verschiedene Körperteile zu bewegen. Hier sind einige Vorschläge.

🎵 Singen Sie Ihre Anweisungen zu der Melodie von „Ging ein Weiblein Nüsse schütteln".

> **Und jetzt geht die linke Hand hoch,**
> **linke Hand hoch, linke Hand hoch,**
> **Und jetzt geht die linke Hand hoch,**
> **linke Hand hoch, eins, zwei, drei und stopp.**

🎵 Machen Sie mit verschiedenen Anweisungen weiter. Beenden Sie sie jedes Mal mit „eins, zwei, drei und stopp".

🎵 Hier sind noch andere Ideen:

> **Und jetzt wackeln eure Zehen,**
> **und jetzt macht mal eine Faust,**
> **und jetzt winkt mit dem Daumen**
> **und jetzt beugt den Ellenbogen.**

🎵 Fügen Sie Ihre eigenen Ideen hinzu. Dieses Spiel fördert Koordination und Gehör.

Spiele mit dem Metronom   ab 6 Jahre

RHYTHMUSGEFÜHL UND GEHÖR

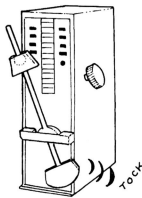

🎵 Was ist ein Metronom? Ein Taktmesser. Es gibt sie in vielen verschiedenen Formen und Größen, zum Aufziehen, elektrisch oder batteriebetrieben. Wenn Sie es in Gang setzen, hören Sie einen regelmäßigen Schlag. Sie können die Schlaggeschwindigkeit verändern, von sehr schnell bis sehr langsam. Musiker benutzen Metronome beim Üben, damit sie ein gleichmäßiges Tempo einhalten. Hier sind wundervolle Spiele, die man mit einem Metronom spielen kann.

Der Metronommarsch

🎵 Stellen Sie das Metronom an und gehen oder marschieren Sie im Takt. Dabei muss man sehr genau hinhören; Kindern macht das viel Spaß. Lassen Sie das Metronom schneller schlagen und verändern Sie Ihre Bewegungen. Mit geschlossenen Füßen oder auf einem Bein hüpfen, springen oder auf Zehenspitzen gehen sind gute Ideen.

Ein Zählspiel

🎵 Lassen Sie das Metronom ganz langsam schlagen. Sagen Sie den Kindern, dass Sie bis vier zählen werden. Zählen Sie bei jedem Schlag und wenn Sie „vier" gesagt haben, halten Sie das Metronom an. Wenn die Kinder schon etwas älter sind, können Sie auch weiter zählen.

🎵 Denken Sie daran, dass die Kinder bei diesem Spiel ein Gefühl für Rhythmus entwickeln sollen – es ist kein Spiel zum Erlernen der Zahlen.

🎵 Versuchen Sie es an Stelle von Zahlen auch mit Farben oder Tiernamen.

Wörter zählen   ab 7 Jahre
GENAU HÖREN UND ZÄHLEN

🎵 Suchen Sie sich ein Lied aus, in dem dasselbe Wort mehrmals wiederholt wird, zum Beispiel „Mein Hut, der hat drei Ecken".

🎵 Lassen Sie die Kinder mitzählen, wie oft das Wort „Hut" gesungen wird. Singen Sie das Lied noch einmal. Wie oft ist das Wort vorgekommen?

Singen mit verteilten Rollen   ab 7 Jahre
ZUHÖREN UND MITDENKEN

🎵 Bei diesem Spiel muss man sich gut konzentrieren und sehr genau zuhören.

🎵 Fangen Sie damit an, dass Sie und die Kinder sich beim Singen eines Liedes abwechseln.

Sie singen: Zeigt her eure Füße, zeigt her eure Schuh,
Die Kinder singen: und sehet den fleißigen Waschfrauen zu.
Sie singen: Sie waschen, sie waschen,
Die Kinder singen: sie waschen den ganzen Tag.

Jetzt wird es ein bisschen schwerer.

Sie singen: Zeigt her eure Füße,
Die Kinder singen: zeigt her eure Schuh,
Sie singen: und sehet
Die Kinder singen: den fleißigen Waschfrauen zu.
Sie singen: Sie waschen,
Die Kinder singen: sie waschen,
Sie singen: sie waschen den ganzen Tag.

- Egal welches Lied Sie auswählen, Sie werden immer Möglichkeiten finden, es für zwei Singstimmen aufzuteilen. Die Entscheidung liegt bei Ihnen, je nachdem wie alt die Kinder sind.
- Am schwersten ist es, wenn zwei Sänger sich bei jedem Wort abwechseln. Versuchen Sie es mit einem anderen Erwachsenen und Sie werden sehen, wie schwierig es ist.

Im Jahre 1993 führten Dr. phil. Frances Rauscher und ihr Mitarbeiter, Dr. phil. Gordon Shaw von der University of California in Irvine eine Pilotstudie durch. Zehn Dreijährige erhielten Musikunterricht, entweder Gesangs- oder Klavierstunden. Alle zehn zeigten erheblich gesteigerte Leistungen (46%), als sie die Aufgabe bekamen, verschiedene Gegenstände zusammenzubauen. Dieser Aufgabenkomplex ist Teil der Wechsler-Intelligenzskala für die Vor- und Grundschule, mit deren Hilfe die räumliche Wahrnehmung gemessen wird. In einem zweiten Experiment stellte sich heraus, dass Kinder, die acht Monate lang Musikunterricht erhalten hatten, wesentlich bessere Leistungen im Bereich der räumlichen Wahrnehmung zeigten als eine Gruppe vergleichbarer Kinder, die diese Musikstunden nicht erhalten hatten.

9 | Musik ist: eine tolle Lehrmethode

Musik macht Kinder glücklich.
Hier sind zwanzig Ideen, die Sie das ganze Jahr über einsetzen können.
(Dafür ist keinerlei Vorbildung notwendig!)

20 musikalische Ideen

1. Ermuntern Sie die Kinder, ihre Lieblings-CD oder -kassette mitzubringen. Die Kinder haben das Gefühl, dass man sie ernst nimmt und der Erwachsene bekommt einen Einblick in das, was das einzelne Kind mag.

2. Nehmen Sie vertraute Geräusche auf Band auf: Geräusche vom Spielplatz, eine Unterhaltung unter Kindern, der Verkehr vor dem Haus, die Stimmen von Lehrern. Spielen Sie „Nenne das Geräusch". Lassen Sie die Kinder die Geräusche auf dem Band erraten und benennen. Dies ist ein sehr schönes Spiel, wenn man das Gehör trainieren will.

3. Singen Sie Refrain- und Merklieder als Vorbereitung auf das Lesenlernen. „Ein Mopps kam in die Küche" und „Old MacDonald had a farm" sind zwei Vorschläge. „Old MacDonald had a farm" ist ein Merklied, wenn Sie in jeder Strophe die Tiere aus den vorangegangenen Strophen wiederholen. Bereits im Alter von 3 1/2 oder 4 Jahren können Kinder solche Lieder behalten und singen.

> Weitere Refrain- und Merklieder sind:
> - Auf, auf zum fröhlichen Jagen
> - Trarira, der Sommer, der ist da
> - Alouette, gentille Alouette
> - Wenn der Pott aber nu en Loch hat
> - Ich ging einmal spazieren
> - Ein Jäger längs dem Weiher ging

4. Nehmen Sie eine Trommel (oder einen Kochtopf und einen Holzlöffel) zur Hilfe, um Kindern die Begriffe schnell und langsam, laut und leise zu vermitteln. Lassen Sie die Kinder zum Trommelschlag durch den Raum gehen, während Sie die Trommel erst schnell, dann langsam schlagen. Sagen Sie den Kindern, dass sie mit den Füßen auf den Boden stampfen oder in die Hände klatschen sollen, je nachdem ob Sie die Trommel laut oder leise schlagen.

5. Spielen Sie den Kindern Musik vor, die eine Geschichte erzählt oder eine bestimmte Vorstellung weckt, zum Beispiel die „Morgenstimmung" aus der Peer Gynt Suite von Edvard Grieg. Sprechen Sie über das Thema „Morgen", über das Gezwitscher der Vögel, die Sonnenstrahlen auf dem Gesicht und so weiter. Dann spielen Sie die Musik ab und lassen die Kinder sich zu der Musik bewegen oder ein Bild von dem malen, was sie darin „sehen".

6. Nehmen Sie Rhythmusinstrumente und spielen Sie ein Spiel mit den Kindern, bei dem sie die Möglichkeit haben, ihre Gefühle auszudrücken. Stellen Sie verschiedene Rhythmusinstrumente auf, die sich im Klang deutlich voneinander unterscheiden, wie Schellen, Holzblöcke, Maracas, Kastagnetten und Tamburine. Geben Sie den Kindern den folgenden Satzanfang vor: „Als ich heute Morgen aufwachte, fühlte ich mich ………………… ." Lassen Sie sie ein Instrument wählen, dessen Klang dem Gefühl entspricht, mit dem sie morgens aufgewacht sind. Ermuntern Sie sie, darauf zu spielen und ihre Gefühle dabei zu beschreiben. Spielen Sie gemeinsam mit den Kindern alle Instrumente und versuchen Sie, Worte zu finden, die ihren Klang beschreiben – froh, traurig, aufgeregt, ärgerlich, ängstlich.

7. Malen Sie Bilder, die den Text eines Liedes veranschaulichen. Bei „Grün, grün, grün sind alle meine Kleider" können Sie zum Beispiel Karten mit den verschiedenen Farben hochhalten, von denen gesungen wird. Dann zeigen Sie eine Karte, auf der ein Kind zu sehen ist, das von Kopf bis Fuß grün angezogen ist und zuletzt eine Karte mit den Berufen, die zu den Farben passen. Die folgenden Lieder sind ebenfalls für Illustrationen geeignet: „A B C, die Katze lief in'n Schnee", „Alle meine Entchen", „Gretel, Pastetel", „Mein Hut, der hat drei Ecken" oder „Auf unsrer Wiese gehet was". Diese Musikspiele sind sehr anregend und fördern das Denkvermögen.

8. Verteilen Sie Klangstäbe in verschiedenen Farben an die Kinder. Zuerst halten die Kinder sie im Schoß. Singen oder spielen Sie ein bekanntes Lied wie „Alle meine Entchen". Halten Sie eine Farbkarte in die Höhe (eine blaue, zum Beispiel) und die Kinder mit den blauen Stäben halten diese hoch und tun so, als würden sie dirigieren. Wenn Sie die blaue Karte wieder weglegen, legen auch die Kinder ihre blauen Stäbe beiseite. Nun zeigen Sie eine andere Farbkarte. Dieses Spiel fördert das Erkennen von Farben und Übereinstimmungen und trainiert zudem die Motorik.

9. Wenn Sie ein Klavier oder eine Harfenzither zur Verfügung haben, können Sie eine einfache Lektion in Naturwissenschaften aus dem Hut zaubern und Sie müssen noch nicht einmal auf den Instrumenten spielen können. Zupfen Sie an der längsten und dicksten Saite und sehen Sie, wie sie vibriert. Dann zupfen Sie an der kürzesten und dünnsten Saite; Sie können einen hohen Ton hören, aber Sie können nicht sehen, wie sie sich bewegt, weil sie sehr schnell vibriert. Hier können Sie beobachten, wie Klang entsteht, nämlich durch Bewegung der Luft. Ein anderes Experiment veranschaulicht Vibrationen mit Hilfe eines Gummibandes. Dehnen Sie es. Je straffer Sie es spannen, desto höher ist der Ton, der entsteht, wenn Sie daran zupfen. Wenn Sie die Spannung nachlassen, wird auch der Ton tiefer. Dies ist eine Lektion für Augen und Ohren über die Entstehung von Schall.

10. Basteln Sie sich ein Windglockenspiel aus Nägeln und einem Stück Schnur. Befestigen Sie unterschiedlich große Nägel an einem langen Seil oder einer Schnur. Dafür wickeln Sie ein Stück Bindfaden um jeden einzelnen Nagel, den Sie dann mit dem Seil verknoten. Hängen Sie das Seil (mit den Nägeln bestückt) an einen Ast und lauschen Sie der Musik, wenn der Wind damit spielt.

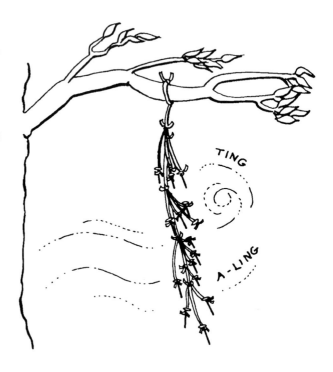

11. Halten Sie sich die Handfläche vor den Mund und pusten Sie darauf. Fahren Sie dabei mit dem Zeigefinger der anderen Hand auf und ab durch den Luftstrom. Sie können hören, wie sich der Klang der Luft verändert.

12. Singen Sie den ganzen Tag lang über das, was im Tagesablauf gerade anliegt: Tisch aufräumen, frühstücken, malen, schreiben und so weiter.

13. Singen Sie das folgende Gedicht zu der Melodie von „Bruder Jakob":

> **Hallo, Robert, hallo, Robert,**
> **Geht's dir gut? Geht's dir gut?**
> **Schön, dass du heut' hier bist.**
> **Schön, dass du heut' hier bist.**
> **Wo bist du? Wo bist du?**

Und Robert antwortet: „Hier bin ich." Mit diesem Spiel können Kinder sehr gut die Namen ihrer Mitspieler lernen. Wenn Sie ein Kind dabei haben, das nicht mitmachen will, stellen Sie sich daneben und singen die Antwort an seiner Stelle.

14. Finden Sie heraus, welches Lieblingslied jedes Kind hat und tragen Sie es neben seinem Namen in eine Liste ein. Wenn Sie dieses bestimmte Lied singen, sagen Sie dazu, wessen Lieblingslied es ist. Dies ist eine sehr gute Methode, positives Selbstbewusstsein bei Kindern zu wecken. Dem Kind vermitteln Sie damit das Gefühl, dass seine Meinung wichtig ist.

15. Singen Sie ein Wiegenlied mit den Kindern. Lassen Sie jedes Kind eine Lieblingspuppe oder ein geliebtes Stofftier im Arm halten. Besonders schöne Schlaflieder sind „Wer hat die schönsten Schäfchen" und „Guten Abend, gut' Nacht".

16. Singen oder sprechen Sie Zähllieder oder -reime wie „Zehn kleine Negerlein", „Wir woll'n einmal spazieren gehn", „Morgens früh um sechs". Abzählreime sind auch gut geeignet.

17. Füllen Sie gleich große Wassergläser mit unterschiedlich hohen Wassersäulen. Klopfen Sie mit einem Löffel seitlich an die Gläser und lauschen Sie den verschiedenen Tönen. Welcher ist höher, welcher tiefer?

18. Probieren Sie unterschiedliche Arten aus, wie Sie an die Wassergläser klopfen, z.B. einmal mit und dann ohne einen Finger im Wasser.

19. Sehen Sie anderen beim Musizieren zu oder laden Sie ein älteres Kind oder einen Erwachsenen in Ihren Unterricht ein, der Ihren Schülern auf seinem Instrument vorspielt.

20. Besinnen Sie sich auf gute alte Traditionen und stimmen Sie alle gemeinsam ein Lied an, mit viel Klatschen und Stampfen und mit viel Spaß. Das ist doch eine wundervolle Art, den Tag zu beginnen!

Musik ist: Klassik

Die Musik der großen Meister regt an und gibt Kraft, sie rührt an unseren Gefühlen, baut Stress ab und spricht unseren angeborenen Sinn für Schönheit an. Kinder an klassische Musik heranzuführen und ihnen zu helfen, ein Gefühl dafür zu entwikkeln, ist eine wunderbare und bedeutende Gabe. Das folgende Kapitel enthält unterschiedliche Vorschläge für spielerische Begegnungen mit klassischer Musik. Sie regen die Fantasie an (Karneval der Tiere), erzählen eine Geschichte (Sinfonie mit dem Paukenschlag), geben Ideen für szenische Darstellung (Hummelflug) und Bewegungen (Der Nussknacker) und bieten einen Einblick in verschiedene Stilrichtungen und Rhythmen.

Beispiele klassischer Musik, die bei Kindern besonders beliebt sind:

Mondscheinsonate, I. Satz
LUDWIG VAN BEETHOVEN

Im Mondlicht kann man schlafen – und was sonst noch?
Regt zum Theater spielen an.

Hänsel und Gretel
ENGELBERT HUMPERDINCK (NICHT DER SÄNGER)

Erzählt das Grimm'sche Märchen von der Hexe, die zwei Kinder in ihr Pfefferkuchenhaus lockt. Kann für kleine Kinder etwas beängstigend sein; schätzen Sie ab, ob die Kinder damit umgehen können.

Hochzeitsmarsch aus Lohengrin
RICHARD WAGNER

Die Ankunft der Braut, mit Orchesterbegleitung; bei Kindern sehr beliebt.

Minutenwalzer
FRÉDÉRIC CHOPIN

Sehen Sie auf die Uhr und finden Sie heraus, ob es wirklich eine Minute dauert, ihn zu spielen. Angeblich kann man ihn in 48 Sekunden schaffen, wenn man die Wiederholungen weglässt. Sie können zu der Musik auch eine Minute lang Aerobic machen.

Ouvertüre zu Wilhelm Tell
GIOACCHINO ANTONIO ROSSINI

Sehr bekannte Musik; die Kinder können so tun, als würden sie dazu auf Pferden reiten.

Pomp and Circumstance
SIR EDWARD WILLIAM ELGAR

Der Titel stammt aus Shakespeares Theaterstück Othello. In Amerika wird diese Musik oft gespielt, wenn die Studenten den Abschluss ihres Studiums und den Abschied von der Universität feiern.

An der schönen blauen Donau
JOHANN STRAUSS (SOHN)

Ansteckende Musik, zu der man einfach tanzen muss.

Der Radetzkymarsch
ab 5 Jahre
JOHANN STRAUSS (VATER)

Johann Strauß (1804–1849), der berühmte Wiener Tanzkomponist und Begründer der „Walzerdynastie" (zu der auch sein Sohn Johann gehörte) sollte ursprünglich Buchbinder werden. Er wandte sich jedoch der Violinmusik zu und trat als junger Mann einem damals sehr bekannten und beliebten Tanzorchester bei, das von Joseph Lanner geleitet wurde. Kurz danach gründete Strauß sein eigenes Orchester und schon bald war er ein ernsthafter Konkurrent für Lanner. Er unternahm mit seinen Musikern Konzertreisen nach Deutschland, Belgien, Frankreich und England und wurde überall begeistert empfangen. Den Höhepunkt seines Ruhms erreichte er im Jahre 1835, als er zum Hofballmusikdirektor bestellt wurde. Sein „Radetzkymarsch" ist nach dem österreichischen Feldmarschall Joseph Wenzel Radetzky (1766–1858) benannt, dessen ruhmreiche Feldzüge die Fantasie seiner Landsleute bewegten, und der im Laufe seiner langen Laufbahn als Feldherr nahezu alle Militärorden bekommen hatte, die es zu dieser Zeit in Europa gab.

Clair de Lune

ab 5 Jahre

CLAUDE DEBUSSY

Claude Debussy war ein französischer Komponist, dessen Musik „impressionistisch" genannt wird. Wenn Sie impressionistische Gemälde gesehen haben (zum Beispiel von Monet oder Degas), wissen Sie, dass die Bilder aussehen wie unscharfe Fotografien. Impressionistische Musik klingt verschwommen, mit leisen Tönen und verträumten Melodien. Clair de Lune ist ein Musikstück, in dem das Mondlicht beschrieben wird.

Basteln
Schneiden Sie mit den Kindern Monde aus gelbem Bastelpapier aus.

Bewegung
Tanzen Sie gemeinsam zu der Musik durch den Raum und halten Sie dabei die Monde hoch. Wenn die Musik verklingt, legen Sie sich hin und tun so, als würden Sie einschlafen.

Hummelflug

ab 6 Jahre

NIKOLAJ RIMSKIJ-KORSAKOW

Dieses Stück gibt eine lebhafte Beschreibung einer Hummel, die umhersummt und ist zugleich ein gutes Beispiel dafür, wie Musik die Wirklichkeit nachahmen kann. Spielen Sie die Musik und hören Sie, wie die Hummel sich mal schnell, mal langsam bewegt.

Basteln
Schneiden Sie einfache Flügel aus Papier aus und befestigen Sie sie mit Klettband an den Pullovern der Kinder. Spielen Sie, Sie seien Hummeln, die herumfliegen und lauschen Sie dabei der Musik.

Theater
Tun Sie so, als seien Sie Hummeln und flögen durch das Zimmer. Landen Sie auf Blüten, nippen vom Nektar und fliegen weiter.

Naschen
Lassen Sie sich Brot oder Brötchen mit Honig schmecken.

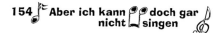

Rheinische Sinfonie

ab 6 Jahre

ROBERT SCHUMANN

Oft ließen (und lassen) sich Komponisten von der Atmosphäre einer Landschaft und den Eigenarten ihrer Bewohner inspirieren, die sie in ihrer Musik versuchten wiederzugeben. Schumanns „Rheinische Sinfonie" ist ein gutes Beispiel dafür. Robert Schumann (1810–1856) wollte eigentlich Konzertpianist werden, doch eine Krankheit zwang ihn, diesen Plan aufzugeben und so wurde er Komponist. Zunächst hatte er nicht viel Erfolg mit seiner Musik; er verdiente sich sein Brot als Privatlehrer und Chorleiter. Im Jahre 1850 wurde ihm eine Stelle in Düsseldorf angeboten und nach langen Jahren der Erfolglosigkeit wurde er hier mit Ehrungen überhäuft. Seine „Rheinische Sinfonie" spiegelt etwas von der Leichtigkeit wider, die er dort in Düsseldorf empfunden haben mag, umgeben von den berühmten „rheinischen Frohnaturen". Schumann lässt in seiner Musik typische Züge der Menschen dieser Region anklingen: Sie sind heiter, bisweilen gemütvoll, handfest und religiös. Im Finale kann man das fröhliche Lärmen eines Volksfestes hören, die Musik gibt einen munteren Marschrhythmus vor und man stellt sich vor, wie der rheinische Karneval regiert.

Bewegung
Tanzen Sie zu der Musik oder marschieren Sie durch den Raum.

Sinfonie Nr. 5 c-Moll

ab 6 Jahre

LUDWIG VAN BEETHOVEN

Im Alter von sechsundzwanzig Jahren begann Beethoven taub zu werden. Das Erstaunliche war jedoch, dass er seine Musik im Kopf hören konnte und er komponierte sogar einige seiner Meisterwerke am Ende seines Lebens, als er vollkommen taub war.

Sprache
Der erste Satz dieser Sinfonie ist sehr bekannt und es macht Spaß, sich Worte oder kurze Sätze auszudenken, die zu diesen vier Noten passen, die man immer und immer wieder hört. Hier sind ein paar Vorschläge: „Klopf an die Tür" (klopfen Sie dabei an die Tür oder auf die Tischplatte), „Ich heiße Tom", „Das ist mein Hund". Für welche Worte Sie sich auch entscheiden: Sagen Sie sie jedes Mal, wenn Sie diese vier Noten hören. Kindern macht dieses Spiel großen Spaß und sie werden diese Musik nie vergessen.

Karneval der Tiere

ab 6 Jahre

CAMILLE SAINT-SAËNS

Dies ist ein sehr humorvolles und abwechslungsreiches Werk, in dem unterschiedliche Tiere von verschiedenen Instrumenten vorgestellt werden: der Elefant, das Känguru, der Kuckuck, der Löwe, der Schwan und viele andere. Wenn Sie die Musik vorspielen, sollten Sie sich immer nur jeweils einen Abschnitt vornehmen und über das Tier sprechen, das da musikalisch beschrieben wird. Die Anmerkungen auf der Kassette oder der CD lassen sicher erkennen, welches Instrument eingesetzt wird, um ein bestimmtes Tier darzustellen.

Bewegung

Wenn Sie sich zwei oder drei Abschnitte angehört haben, versuchen Sie, beim erneuten Zuhören gemeinsam mit den Kindern, die Tiere nachzumachen, die in diesen Abschnitten vorkommen.
Die Kinder verwandeln sich in einen Kistenclown und jedes Mal, wenn sie den Kuckuck hören, springen sie aus Ihrer Kiste.
Sie bewegen sich wie ein Schwan, der über das Wasser gleitet. Dann hören Sie sich die Musik mit den Kindern an und passen ihre Bewegungen der Musik an.

Sprache

Hören Sie sich den Kuckuck an. Sagen Sie den Kindern, dass sie immer dann den Kuckucksruf nachmachen sollen, wenn er in der Musik erklingt.
Unterhalten Sie sich über Schwäne, bevor Sie sich die Musik anhören.
Sehen Sie sich gemeinsam Bilder an und lesen Sie die Geschichte „Das hässliche Entlein" von Hans Christian Andersen.

Sinfonie mit dem Paukenschlag, 2. Satz

ab 6 Jahre

JOSEPH HAYDN

Haydn wurde liebevoll „Papa Haydn" genannt, weil er immer bereit war, jungen Komponisten zu helfen. Er war bekannt für seine Fantasie und seinen Sinn für Humor. Über seine Musik gibt es viele Geschichten. In einer dieser Anekdoten heißt es, dass Haydn einen lauten Akkord eingebaut hat, um die Leute aufzuwecken, die während des Konzertes eingeschlafen waren.

Sprache

Sie werden die Melodie dieses Musikstückes bestimmt erkennen. Kinder haben großen Spaß an diesem Spiel. Erzählen Sie zunächst die folgende Geschichte:

Die Geschichte mit Papa Haydn

Es war einmal ein Mann, der hieß Herr Haydn. Er arbeitete hart in seinem Beruf. Er war Komponist von Beruf. (Er schrieb wunderschöne Musik, die andere Musiker auf ihren Instrumenten spielten). Eines Tages, als er hart arbeitete, begann er sich schläfrig zu fühlen und schon bald war er auf seinem Stuhl fest eingeschlafen. Da kamen seine Kinder ins Zimmer. Als sie sahen, dass er schlief, beschlossen sie, ihm einen Streich zu spielen. Zuerst waren sie ganz leise und gingen auf Zehenspitzen durch den Raum und dann machten sie plötzlich fürchterlichen Krach und sprangen auf und ab. Natürlich wachte Papa Haydn auf und war sehr erstaunt. Er dachte sich, dass das ein guter Witz sei und so schrieb er ein Musikstück über das, was ihm passiert war.

Nun spielen Sie den Kindern den zweiten Satz aus der Sinfonie mit dem Paukenschlag vor. Sie wissen, wann der Paukenschlag kommt. Sagen Sie mit leiser Stimme das folgende Gedicht auf, entweder während die Musik spielt oder ohne die Musik im Hintergrund.

Papa Haydn

Papa Haydn mahnt: „Kinder, seid schön still,
(Legen Sie den Finger auf die Lippen.)
wenn ich mich mal ausruhn will!"
(Tun Sie so, als wollten Sie schlafen.)
Doch der Papa hat leider Pech,
denn seine Jungs sind furchtbar frech,
und plötzlich ist er hellewach:
sie machen einen RIESENKRACH.
(Sagen Sie diese Zeile mit lauter Stimme und springen Sie auf und ab.)

Der Nussknacker

ab 6 Jahre

PETER TSCHAIKOWSKY

Tschaikowsky schrieb viele Stücke, die gut für Kinder geeignet sind. Der Nussknacker ist sehr beliebt und lässt sich gut in szenische Darstellung umsetzen.

Meine drei Vorschläge aus dem Nussknacker sind:

♪ Marsch der Zinnsoldaten:
Die Kinder spielen einen Spielzeugsoldaten und marschieren mit steifen Beinen zu der Musik umher.

♪ Tanz der Zuckerfee:
Fragen Sie die Kinder, welche Süßigkeiten sie mögen. Nun tanzen sie wie Feen (leicht und schwebend) zu der Musik. Geben Sie der Fee andere Namen, statt „Zuckerfee" vielleicht „Gummibärchenfee" oder „Lakritzschneckenfee".

♪ Blumenwalzer :
Die Kinder sehen sich Bilder von Blumen an und schneiden sie aus, um daraus eine Collage zu machen. Sie tanzen zur Musik, mit Blumen in der Hand.

Dornröschen und Ouvertüre 1812 sind weitere Stücke von Tschaikowsky, die sehr gut zum Zuhören geeignet sind.

Pastorale

ab 7 Jahre

LUDWIG VAN BEETHOVEN

Oft finden Komponisten in der Natur Anregungen für ihre Musik. Beethovens 6. Sinfonie F-Dur, die „Pastorale", ist voller Bilder aus der Natur. Die Sinfonie beschreibt einen Ausflug aufs Land und beginnt sehr friedvoll und harmonisch mit dem ersten Satz, der die Überschrift trägt: „Erwachen heiterer Gefühle bei der Ankunft auf dem Land". Im zweiten Satz malt der Komponist eine „Szene am Bach", in der Vogelgezwitscher und das Rauschen des Wassers zu hören sind. Der dritte Satz beschreibt „Lustiges Zusammensein der Landleute", das durch ein Unwetter mit Regengüssen, Donnergrollen und heftigen Windstößen jäh unterbrochen wird. Am Ende, als das Unwetter vorüber ist, ist der Ausflügler erfüllt von „Frohen, dankbaren Gefühlen nach dem Sturm".

Sprache

Hören Sie sich mit den Kindern den zweiten Satz, die „Szene am Bach" an und versuchen Sie gemeinsam, Vogelstimmen und Wasserrauschen zu erkennen.

Naturbeobachtung

Unterhalten Sie sich mit den Kindern darüber, was sie bei einem Ausflug aufs Land sehen und erleben können. Die Kinder haben sicherlich eigene Geschichten beizutragen. Überlegen Sie gemeinsam, welche Tiere und Pflanzen man am Bach finden kann, wie sich ein Unwetter ankündigt und wie man sich am besten davor schützt, wenn man im Wald unterwegs ist. Und vielleicht planen Sie sogar einen gemeinsamen Ausflug!

Viele Klänge in der Natur sind wie Musik. Das Rascheln der Blätter, wenn der Wind durch die Baumwipfel weht, das Lied einer Lerche, das rhythmische Zirpen der Grillen, selbst der leise Klang von wirbelnden Schneeflocken – alle diese Geräusche haben einen Rhythmus; einige haben sogar verschiedene Tonhöhen. Es ist also nicht verwunderlich, dass Komponisten, die einige der brillantesten Meisterwerke der Welt geschaffen haben, von den Klängen der Natur inspiriert worden sind. Hier sind ein paar Beispiele, die Sie den Kindern vorspielen können.

Vierjahreszeiten ANTONIO VIVALDI

Ahmt im „Sommer"-Konzert ein Gewitter nach.

Sechste Sinfonie LUDWIG VAN BEETHOVEN

Der letzte Satz beschreibt ein Unwetter.

Grand Canyon Suite FERDE GROFE

Seine Musik beschreibt die Wunder der Natur: Sonnenaufgang, Sonnenuntergang, die Farben der Wüste.

Tierlaute in der Musik

Konzert in D-Dur für Flöte und Orchester — ANTONIO VIVALDI
Stellt den Stieglitz dar.

Wolf Eyes (Wolfsaugen) — PAUL WINTER
Stellt dem Heulen eines echten Wolfes das nachahmende „Heulen" eines Saxofons gegenüber.

Peter und der Wolf — SERGEJ PROKOFJEW
Führt verschiedene Orchesterinstrumente vor und macht dabei die folgenden Tierlaute nach: Vogel – Querflöte; Ente – Oboe; Wolf – Horn; Katze – Klarinette. Wenn Sie das Gefühl haben, dass die Geschichte zu grausam ist, wandeln Sie den Schluss so ab, dass der Wolf gefangen und in den Zoo gebracht wird.

Beobachtungen in der Natur
Machen Sie zu verschiedenen Jahreszeiten Wald- und Wiesenspaziergänge mit den Kindern. Horchen Sie auf alle möglichen Geräusche. Nehmen Sie einen Kassettenrekorder mit und nehmen Sie alle Geräusche auf, die Sie hören. Beschriften Sie die Kassetten mit „Frühling", „Sommer", „Herbst" und „Winter" oder notieren Sie den Monat, in dem Sie die jeweilige Aufnahme gemacht haben. Spielen Sie die Kassetten im Laufe des Jahres immer wieder ab und erinnern Sie sich gemeinsam an die unterschiedlichen Geräusche.

Musik kaufen und aufbewahren

Es gibt eine so ungeheuer große Auswahl an Musik, dass es sehr wichtig ist zu wissen, was man kaufen will und wie man es pfleglich behandelt. Ganz besonders wichtig ist die Qualität Ihrer Abspielgeräte. Den Kindern zuliebe sollten Sie nur das Beste anschaffen – sie verdienen es.

Musik kaufen

Musik zum Zuhören gibt es in drei unterschiedlichen Formen:

- **CDs**
- **Kassetten**
- **Langspielplatten**

CDs sind die besten Tonträger für Musikaufnahmen. Sie können wählen, welche Lieder Sie abgespielt haben möchten und Sie können den CD-Player so programmieren, dass ein und dasselbe Lied immer wieder gespielt wird. Das ist sehr praktisch, wenn Sie selbst ein Lied lernen oder es anderen beibringen wollen. CDs sind haltbarer als Kassetten.

Kassetten sind tragbar, klein und leicht. Sie können sie im Auto abspielen oder wo immer Sie sonst einen Kassettenrekorder zur Verfügung haben. Wenn Sie mit den Kindern im Auto unterwegs sind und dabei Kassetten anhören, kann die Autofahrt zu einem vergnüglichen Erlebnis werden.

Langspielplatten sind so gut wie überholt, wenn man bedenkt, wie beliebt CD-Player mittlerweile sind. Wenn Sie keinen CD-Player haben, bieten Schallplatten allerdings den Vorteil, dass Sie jederzeit das Lied wählen können, das Sie hören wollen.

Pflegliche Behandlung

Weder CDs noch Kassetten können extreme Temperaturen vertragen.
Bewahren Sie CDs und Kassetten in ihren jeweiligen Hüllen auf.
Dann halten sie länger und sind zusätzlich geschützt.

Forschungen haben gezeigt, dass man beide Hirnhälften benutzt, wenn man Musik und Bewegung oder Sprache und Bewegung miteinander koppelt.

11 Fragen, die Eltern und Lehrer häufig stellen

Haben Sie ein musikalisches Genie zu Hause? Geraten Ihre Kinder außer Rand und Band, wenn sie laute, schnelle Musik hören? Wann ist der richtige Zeitpunkt, um mit Musikunterricht anzufangen? In dem folgenden Abschnitt finden Sie einige Antworten auf diese und andere Fragen.

Frage:

Wir haben in unserem Klassenzimmer eine Kiste mit Rhythmusinstrumenten stehen. Darin sind eine Trommel, einige Stäbe, eine Triangel und eine Maraca. Die Kinder streiten sich darum, wer die Trommel haben darf und ignorieren die anderen Instrumente völlig. Was sollen wir tun?

Antwort:

Die Kinder sollten mit den Instrumenten vertraut sein, die sie im Klassenzimmer finden. Versuchen Sie, immer nur jeweils ein Instrument vorzustellen, vielleicht eins pro Tag oder pro Woche, je nachdem was am besten in Ihren Stundenplan passt. Fangen Sie zum Beispiel mit der Maraca an.

1. Bitten Sie die Kinder, einen Kreis zu bilden und sich hinzusetzten.
2. Zeigen Sie ihnen die Maraca und erklären Sie, wie man sie spielt. Dann nennen Sie den Namen des Instruments und lassen die Kinder nachsprechen.
3. Geben Sie dem ersten Kind die Maraca. Das Kind sieht sich das Instrument genau an, spielt es, sagt den Namen und gibt es weiter an das nächste Kind.
4. Das Instrument wird im Kreis herumgereicht. Jedes Kind bekommt die Gelegenheit, es anzufassen, darauf zu spielen und den Namen zu sagen.
5. Beim nächsten Mal stellen Sie ein anderes Instrument vor. Die Kinder werden bald über jedes einzelne Bescheid wissen und vielleicht streiten sie sich dann nicht mehr um einen Favoriten.

Frage:

Ich habe in meiner Gruppe ein Kind, das sich beharrlich weigert, mit den anderen zusammen zu singen. Was raten Sie mir?

Antwort:

In erster Linie müssen Sie darauf achten, dass Sie die Entscheidung des Kindes nicht mitzusingen respektieren. Womöglich hat das Kind einen guten Grund dafür. Allein die Tatsache, dass ein Kind nicht mitsingt, bedeutet nicht, dass es nicht teilnimmt. Es hört trotzdem zu und lernt die Lieder. Sie können vorsichtig versuchen, es zum Mitmachen zu bewegen, indem Sie ihm etwas zu tun geben, das mit dem Lied in Verbindung steht.

Es kann zum Beispiel auf einer Trommel den Rhythmus schlagen. Wenn es keine Aktivitäten gibt, die zu dem Lied passen, versuchen Sie, das Kind dazu zu bringen, dass es nah bei Ihnen sitzt, während die anderen singen. Auf diese Weise ist es von Musik umgeben. Vor allen Dingen sollten Sie das Kind nicht zum Singen zwingen.

Frage:
In welchem Alter sollten Eltern oder Lehrer ein Kind ermutigen, Musikunterricht zu nehmen?

Antwort:
Begegnungen mit Musik kann es schon in einem sehr frühen Alter geben. Wenn Sie zu Hause oder in der Schule Musik machen, Kinder zu Musikveranstaltungen mitnehmen oder mit ihnen singen, fördern und stärken sie ihre musikalische Entwicklung. Richtiger Musikunterricht ist allerdings erst im Alter von acht oder neun Jahren empfehlenswert, weil die Entwicklung der Motorik dann einen entsprechenden Stand erreicht hat.
GANZ WICHTIG:
Zwingen Sie die Kinder nicht, Musikunterricht zu nehmen! Sie erzeugen damit möglicherweise eine ablehnende Haltung der Musik gegenüber. Wenn das Kind von klein auf von Musik umgeben ist, wird es die Eltern wahrscheinlich später selbst um Musikunterricht bitten.

Frage:
Wie unterscheiden sich die verschiedenen Musiklehrmethoden voneinander? Ich bin ganz verwirrt.

Antwort:
Ich finde Ihre Verwirrung sehr verständlich.
Es folgt eine kurze Beschreibung einzelner Methoden.

Suzuki:
Eine Lehrmethode, die ursprünglich aus Japan stammt. Sie wurde von Shinichi Suzuki begründet. Er wurde 1898 geboren und besaß eine tiefe Liebe zur Musik und zu Kindern. Seine Methode beruht auf der „Muttersprachenmethode" der Imitation und mechanischen Wiederholungen, ähnlich wie beim Erwerb einer Fremdsprache im frühen Kindesalter. Kinder können bereits im Alter von drei Jahren mit Suzuki-Unterricht für Klavier und Geige beginnen. Wenn die Suzuki-Methode und -Philosophie kreativ und intelligent angewandt wird, können wir Kindern damit helfen, ein erstaunlich hohes Niveau in Technik und Musikalität zu erreichen.

Orff-Schulwerk:
Geht bei seinem Musikunterricht von Dingen aus, die Kinder gerne tun: singen, rhythmisch sprechen, reimen, in die Hande klatschen und tanzen. Die Kinder werden ermuntert, sich ihren Fähigkeiten gemäß zu beteiligen. Das Kind steht im Mittelpunkt. Ein wesentliches Element dieser Methode ist auch das Spielen auf Instrumenten. Zum Orffschen Instrumentarium gehören Trommeln, Glockenspiel, Metallophone und Blockflöten.

Kodaly-Methode:
Hier findet der Zugang zur Musik über die Stimme statt. Diese Lehrmethode stützt sich auf die ungarische Volksdichtung und entstand in Ungarn in den Dreißiger Jahren dieses Jahrhunderts. Sie geht auf den Komponisten und Musikwissenschaftler Zoltan Kodaly zurück. Singen, Zuhören, Bewegung, Gehörbildung und Selbermachen sind Elemente, die vom Vorschulalter an aufgebaut werden.

Lerntheorie nach Gordon:
Edwin E. Gordon ist ein Musikforscher, der für seine Tests bekannt ist, mit denen er musikalische Begabung misst. Er geht davon aus, dass die Entwicklung musikalischer Fertigkeiten genauso abläuft wie der Erwerb einer Fremdsprache und benutzt diese Idee als Grundlage für seine Lehrmethode. Dabei werden logische Schlussfolgerungen und die Fähigkeit, Unterschiede zu erkennen, als wichtige Elemente einbezogen.

Dalcroze:
Emile Jacques-Dalcroze formulierte eine umfassende Philosophie des Musikunterrichts mit Hilfe kreativer Bewegungen, die „Eurhythmie" genannt werden. Die Kinder bekommen Klaviermusik vorgespielt und reagieren darauf mit ihrem Körper. Viele professionelle Musiker hatten Unterricht nach der Dalcroze-Methode.

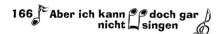

Frage:

Wenn ich ein neues Lied höre, das ich gerne im Unterricht verwenden würde, habe ich Probleme damit, mir die Melodie zu merken.
Was kann ich tun?

Antwort:

Melodie und Text eines Liedes gleichzeitig lernen zu wollen kann zu viel sein. Eine Möglichkeit wäre, dass Sie das Lied aufnehmen und vom Kassettenrekorder abspielen. Singen Sie mit, während Sie den Kindern das Lied beibringen. Wenn das nicht hilft, versuchen Sie es so: Lernen Sie erst den Text, dann die Melodie. Dadurch wird das Lernen vielleicht einfacher. Wenn sich herausstellt, dass Sie sich die Melodie einfach nicht merken können, erfinden Sie selbst eine, die Sie mit der richtigen Überzeugung singen. In erster Linie geht es um die Freude am Singen und den lebendigen Kontakt zu den Kindern – die „professionelle" Version des Liedes ist nicht so wichtig.

Frage:

Manchmal werden die Kinder so aufgedreht, dass ich Mühe habe, sie wieder zu Ruhe zu bringen. Was würden Sie in dieser Situation tun?

Antwort:

Musik kann beleben, sie kann aber auch beruhigen. Versuchen Sie, mit einem besinnlichen Lied zu schließen oder singen Sie ein Lied leise und langsam. Ein anderer Vorschlag: Singen Sie ein bekanntes Lied und begleiten Sie es mit Fingerbewegungen oder Gesten.
Bei „Zeigt her eure Füße" können Sie zum Beispiel die Tätigkeiten der Waschfrauen nachahmen.

Singen Sie das Lied mehrmals hintereinander, jedes Mal ein wenig langsamer. Die Kinder konzentrieren sich auf die Bewegungen, während Ihre besänftigende Stimme ihnen hilft, ruhig zu werden.

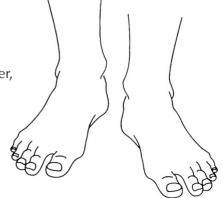

Frage:

Susanne ist musikalisch sehr talentiert. Wie kann ich sie fördern und stärken?

Antwort:

Offensichtlich bieten Sie Susanne ein wunderbares musikalisches Umfeld, denn sonst hätten Sie ihr Talent nicht erkannt. Umgeben Sie Susanne mit musikalischen Möglichkeiten. Wenn Sie einfache Rhythmusinstrumente im Haus haben, kann sie jederzeit damit spielen, sehen Sie sich gemeinsam Musiksendungen im Fernsehen an und nehmen Sie Susanne zu Musikveranstaltungen mit. Wenn Sie ihr diese Möglichkeiten bieten, schaffen Sie ein Umfeld, das ihr Talent nährt. Vielleicht beraten Sie sich mit Musiklehrern in Ihrer Nähe, wann der beste Zeitpunkt für Musikunterricht gekommen ist. Das darf nicht zu früh geschehen; wenn ein Kind beispielsweise Stimmübungen macht und Gesangsunterricht bekommt, bevor seine Stimmbänder ausgereift sind, kann seine Stimme Schaden nehmen. Ein geschulter Gesangslehrer wird sich damit auskennen.

Frage:

Ich würde gerne ein Musikinstrument spielen (ich habe noch nie Stunden genommen), aber ich fürchte, ich könnte zu alt sein, um es noch zu lernen. Was können Sie mir raten?

Antwort:

Wenn Sie nicht in der Weise körperbehindert sind, dass es Ihnen schwer fällt, ein Instrument zu halten oder zu spielen, können Sie in jedem Alter anfangen, ein Instrument zu lernen. Wenn Sie Lust haben, ein Musikinstrument zu spielen – warum nicht Unterricht nehmen? Sie werden sehen, dass es die Mühe lohnt! Gruppenunterricht ist ein guter Einstieg.

Frage:

Ich würde mein Kind gerne an klassische Musik heranführen, aber es scheint eher Interesse für Rock'n Roll zu haben. Was kann ich tun?

Antwort:

Versuchen Sie, das Kind allmählich mit klassischer Musik vertraut zu machen. Wie wär's mit Brahms „Wiegenlied" zur Schlafenszeit oder mit dem „Nussknacker" an Weihnachten? Außerdem sollten Sie die hervorragenden Künstler nicht vergessen, die heute Musik für Kinder machen. Viele dieser Künstler verbinden in ihren Liedern zahlreiche unterschiedliche musikalische Stilrichtungen, darunter auch die klassische Musik.

Frage:

Zu welcher Tageszeit sollte eine Musikstunde am besten stattfinden?

Antwort:

Eine regelrechte Musikstunde gibt Ihnen die Möglichkeit, bestimmte musikalische Ziele zu verfolgen. Das kann die Behandlung von Rhythmus und Klang sein oder das Lernen eines Liedes. Musik im Laufe eines Tages immer wieder einzusetzen und damit Übergänge von einer Beschäftigung zur anderen zu gestalten, ist eine wirkungsvolle Lehrmethode, mit der man gleichzeitig die sprachliche Entwicklung fördert und einfach Spaß hat. Wenn Sie jeden Tag eine ausgesprochene Musikstunde abhalten wollen, sind der frühe Vormittag oder der späte Nachmittag am besten geeignet.

Frage:

Wir haben regelmäßig eine Stunde, in der die Kinder etwas mitbringen dürfen, was sie den anderen zeigen wollen. Manchmal bringen sie Aufnahmen von bestimmter Popmusik mit und wenn ich sie der Klasse vorspiele, werden die Kinder ganz aufgeregt, tanzen herum und geraten außer Rand und Band. Wie sollte ich mit dieser Situation umgehen?

Antwort:

Dafür gibt es verschiedene Möglichkeiten. Wenn Sie die Kinder in einer solchen Stunde einfach nicht mehr unter Kontrolle bekommen können, sollten Sie den Eltern einen Brief schicken und sie bitten, die Kinder diese

Musikaufnahmen nicht mehr in die Schule mitbringen zu lassen. Eine andere Lösung könnte sein, dass Sie unmittelbar auf diese Stunde eine Spielphase im Freien folgen lassen. Dann können sich die Kinder draußen abreagieren. Ein dritter Vorschlag: Beschränken Sie diese Mitbringstunden und halten sie vielleicht nur einmal im Monat ab. Auch in diesem Fall sollten die Kinder nach der Stunde nach draußen dürfen.

Frage:

Wie können wir Musik in unsere Krabbel- und Kleinkindergruppen einbauen?

Antwort:

Denken Sie in erster Linie daran, oft zu singen. Kinder lieben es, wenn man ihnen etwas vorsingt, egal, wie Ihre Stimme klingt. Nehmen Sie die Kinder auf den Arm, halten Sie sie ganz fest und tanzen Sie leicht, während Sie singen. Natürlich kommt jedes Kind an die Reihe. Spielen Sie Singspiele wie „Häschen in der Grube", „Jetzt steigt Hampelmann" oder „Ringel, Ringel, Reihe". Spielen Sie beruhigende Musik von Schallplatten oder Kassetten, wenn es zum Tagesablauf passt.

Wie Sie wissen, gibt es viele schöne Aufnahmen mit Kinderliedern zu kaufen. Tatsächlich ist diese Musik für Kinder von der Musikalität wesentlich besser als vieles von dem, was Sie im Radio finden. Schaukeln Sie die Kinder auf dem Schoß oder im Arm und singen Sie ihnen Wiegenlieder vor.

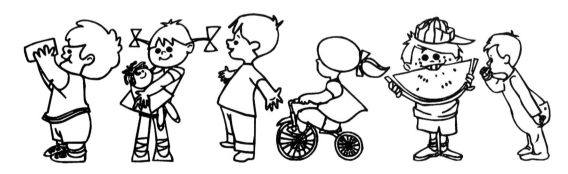

Glossar

Akkord
Drei oder mehr Noten (Töne), die gleichzeitig gespielt werden.

Akzent
Die Betonung, die auf bestimmten Noten (Tönen) liegt.

Blockflöte
Eine senkrecht gehaltene Flöte mit Fingerlöchern und einem Mundstück wie bei einer Trillerpfeife.

Chor
Eine Gruppe von Stimmen, die zusammen singen.

Crescendo
Eine Folge von Tönen, die allmählich lauter werden.

Decrescendo
Eine Folge von Tönen, die allmählich leiser werden.

Dirigent
Der Leiter einer Gruppe von Musikern, die zusammen spielen.

Fingerspiele
Bewegungen mit Händen, Fingern und Armen, die vom Text eines Liedes oder Gedichts angeregt werden.

Gefäßrassel
Jedes Schlaginstrument, das rasselt, wenn man es schüttelt.

Handjive
Die Darstellung von Musik mit dem Körper oder den Händen.

Harmonie
Zwei oder mehr Töne, die zur selben Zeit klingen.

Instrumente
Alles, womit man Musik machen oder begleiten kann. Die Stimme zählt auch dazu.

Kapelle
Holzblasinstrumente, Schlaginstrumente und Blechblasinstrumente, die zusammen spielen. Es gibt Militärkapellen, Jazzbands, Rockbands, Tanzorchester und Blaskapellen. In einer Kapelle oder Band spielen normalerweise keine Streichinstrumente.

Kastagnetten
Klappern, die aus zwei hölzernen Schalen bestehen und beim Spielen in der Hand gehalten werden. Sie

Glossar

werden mit Fingern gegeneinander geschlagen und erzeugen dabei ein klickendes Geräusch.

Kazoo
Ein einfaches Instrument, das ein Summen hören lässt, wenn man hineinsummt oder -singt.

Klassische Musik
Ein Begriff, der sich vor allem auf die Musik des 18. und frühen 19. Jahrhunderts bezieht. Die Komponisten machten sehr detaillierte Angaben darüber, wie die Musik gespielt werden sollte. Für Improvisationen war kein Raum.

Komponist
Jemand, der Musik schreibt (komponiert).

Maracas
Ein Paar Flaschenkürbisse, die mit getrockneten Samen gefüllt sind und als Begleitinstrumente im Rhythmus der Musik geschüttelt werden. Sie heißen auch Rumbakugeln.

Melodie
Die Folge von Tönen, die sich in einer Komposition auf und ab bewegen.

Metronom
Taktmesser; ein mechanisches Gerät, das einen gleichmäßigen Schlag hält und das Tempo einer Komposition anzeigt.

Metrum
Eine Grundeinheit von Schlägen. Es können zwei, drei, vier, sechs oder mehr Schläge zusammengefasst werden.

Musiker
Jemand, der Musik macht.

Noten
Die einzelnen Töne in der Musik in aufgeschriebener („notierter") Form. Orchester – Blechbläser, Holzbläser, Schlaginstrumente und Saiteninstrumente bilden zusammen ein Orchester.

Pause
Die Ruhe zwischen den Noten, die Stille zwischen den Klängen.

Phrase
Ein musikalischer Gedanke, wie ein Satz in der Sprache.

Refrain
Der Teil eines Liedes, der zwischen den Versen unverändert wiederholt wird.

Rhythmus
Ein Muster, das sich ständig wiederholt.

Glossar

Rhythmusinstrumente
Der übergeordnete Begriff für Instrumente, die klingen, wenn man sie schüttelt oder mit einem Gegenstand daranschlägt.

Röhrenholztrommeln
Holzröhre, die rechts und links von einer verjüngten Mitte unterschiedlich lang sind. Man hält sie beim Spielen in der Hand und schlägt mit einem Holzstab darauf.

Schelle
Gegenstände, die ein Klingen erzeugen.

Schlaginstrumente
Rhythmusinstrumente, auf die man schlägt

Schleifklotz
Holzblöcke, die auf einer Seite mit Sandpapier bezogen sind und ein schabendes Geräusch erzeugen, wenn man sie übereinander reibt.

Sinfonie
Ein großes Musikwerk, das für ein Orchester geschrieben wurde. Sie umfasst normalerweise vier Teile.

Sprechgesang
Eine Gruppe von Worten, die rhythmisch gesprochen werden.

Strophe
Eine Gruppe von (Noten-) Zeilen. Sie umfasst normalerweise vier Zeilen. Ein anderes Wort für Strophe ist Vers.

Takt
Ein sich wiederholender rhythmischer Pulsschlag; der Rhythmus, auf dem man beim Tanzen oder Marschieren reagiert.

Tamburin
Eine kleine runde Trommel, bei der im Rahmen kleine Schellen befestigt sind. Man schüttelt oder schlägt das Tamburin.

Tempo
Die Geschwindigkeit, mit der Musik gespielt wird.

Text
Die Worte in einem Lied.

Ton
Ein Klang in einer festgelegten Tonhöhe. Ein Ton kann lang oder kurz sein, laut oder leise.

Tonhöhe
Gibt an, ob ein Ton hoch oder tief klingt.

Glossar

Tonleiter
Töne, die in festgelegten Abständen entweder nach oben oder nach unten einem Muster folgen.

Triangel
Ein Stahlstab, der zu einem Dreieck geformt ist und mit einem Metallstab angeschlagen wird.

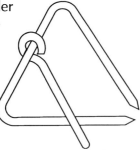

Trommel
Ein Schlaginstrument, bestehend aus einem Rahmen, der mit Fell (der Membran) bespannt ist. Die Spannung der Membran bestimmt, ob ein hoher oder tiefer Ton erzeugt wird.

Volkslieder
Lieder, die von einer Generation zur nächsten weitergegeben werden. Normalerweise ist der Komponist unbekannt.

Wechselgesang
Der Wechsel zwischen einem Vorsänger und einer Gruppe von Stimmen. Die Gruppe wiederholt dabei meist die Worte des Vorsängers.

Wiegenlied
Ein sanftes Lied, bei dem man hin- und herschaukeln möchte. Normalerweise besänftigend und entspannend.

Xylophon
Ein gestimmtes Schlaginstrument mit unterschiedlich langen Stäben. Die Stablänge ist so abgestuft, dass eine Tonleiter erklingt, wenn man mit einem Holzstab (Schlegel) darüber fährt.

Zimbel
Ein Schlaginstrument, das aus einer dünnen tellerförmigen Bronzescheibe besteht. In der Mitte ist ein Halteriemen befestigt, sodass der Rand frei schwingen kann. Wenn man zwei dieser Scheiben gegeneinander schlägt, entsteht ein lauter, scheppernder Klang.

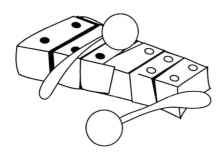

Literatur

Kinderlieder und Kinderreime

Aichert, Eva; Brauer, Sybille: **Meine kleinen Zappelfinger.** Fingerspiele und Kinderreime. Pattloch, 1998. **ISBN: 3-629-00334-6**

Bohotta, Ida: **Das große Ida Bohatta Liederbuch.** arsEdition, 1997. **ISBN: 3-7607-1230-4**

Brüderchen, komm tanz mit mir. M. Cassette: 57 schöne Kinderlieder und Kinderreime. Xenos, 1992. **ISBN: 3-8212-6006-8**

Hansen, Walter (Hrg): **Das große Volksliederbuch für Kinder.** BETZ, 1998. **ISBN: 3-219-10759-1**

von Knorr, Ernst-Lothar(Hrg): **Deutsche Volkslieder: 168 Volkslieder und volkstümliche Lieder.** Reclam, 1997. **ISBN: 3-15-008666-3**

Die schönsten Songs und Lieder: Beliebte Kinderlieder, Volkslieder und Wanderlieder, Kuschelrock und Folksongs aus Amerika, Seemannslieder. Songs, die Stimmung machen. Seehamer, 1998. **ISBN: 3-929626-97-7**

Es tönen die Lieder: Die schönsten Volkslieder und Kinderlieder. Dessart, 1991. **ISBN: 3-89050-472-8**

Kinder-, Tanz- und Bewegungsspiele

Dürr, Gisela; Stiefenhofer, Martin: **Schöne alte Kinderspiele.** Ideen für Kinder aller Altersstufen. Weltbild, 5. Aufl. 1998. **ISBN: 3- 89604-453-2**

Patz, Anne-Grete; Patz, Detlev: **Tanzspiele, Kreisspiele und Bewegungsspiele für drinnen und draußen.** Falken, 1998. **ISBN: 3-8068-7343-7**

Trautwein, Gisela: **Alte Kreisspiele neu entdeckt. ISBN: 3-451-26746-2**

Pleticha; Heinrich(Hrg): **Kinderlied und Kinderreim: Das große illustrierte Hausbuch.** Stürtz, 1998. **ISBN: 3-8003-0906-8**

Martha Schad (Hrg): **Kinderlieder und Kinderreime aus alter Zeit.** Pattloch, 1996. **ISBN: 3-629-00258-7**

Grimm, Ulrike (Hrg): **Mein Hut, der hat drei Ecken: Die schönsten Kinderlieder und Kinderreime.** Loewe Verlag, 1998. **ISBN: 3-7855-3176-1**

Taupe, Stefan (Hrg): **Mein schönstes Liederbuch: Die beliebtesten Volkslieder.** Egmont Franz Schneider Verlag, 1997. **ISBN: 3-505-10675-5**

Sing mit mir: Die schönsten Volkslieder und Kinderlieder. Bearb. v. Sebastian Korn. Illustr. v. Herbert Lentz. Meisinger, 1988. **ISBN: 3-89337-108-7**

Geräusche-CDs

Preuß, Carola, Ruge, Klaus: **Alltagsgeräusche als Orientierungshilfe.** CD mit 28 vierfarb. Bildkarten. Verlag an der Ruhr, 1997. **ISBN: 3-86072-289-1**

Wettergeräusche-Spiel. CD mit 22 vierfarb. Bildkarten. Verlag an der Ruhr, 1997. **ISBN: 3-86072-252-2**

Wassergeräusche-Spiel. CD mit 24 vierfarb. Bildkarten. Verlag an der Ruhr, 1997. **ISBN: 3-86072-043-0**

Preuß, Carola, Ruge, Klaus: **Geräusche auf dem Bauernhof.** CD mit vierfarb. Bildkarten. Verlag an der Ruhr, 1998. **ISBN: 3-86072-351-0**

Preuß, Carola, Ruge, Klaus: **Waldgeräusche-Spiel.** CD mit 28 vierfarb. Bildkarten. Verlag an der Ruhr, 1998. **ISBN: 3-86072-175-5**

Preuß, Carola, Ruge, Klaus: **Vogelstimmen.** CD mit 30 vierfarb. Bildkarten. Verlag an der Ruhr, 1998. **ISBN: 3-86072-270-0**

Bücher für den Musik-Unterricht

Addison, Richard: **Tolle Ideen: Musik.** Verlag an der Ruhr, 1991. **ISBN: 3-927279-53-6**

Mackenzie, Lisa: **Tolle Ideen: Musik aktiv zuhören.** Verlag an der Ruhr, 1997. **ISBN: 3-86072-281-6**

Verlag an der Ruhr

www.verlagruhr.de

Best of New Games
Faire Spiele für viele
Dale N. LeFevre
224 S., 16 x 23 cm,
Pb., mit vielen Fotos
ISBN 3-86072-724-9
Best.-Nr. 2724
17,80 € (D)/18,30 € (A)/31,20 CHF

Texte lesen – Inhalte verstehen
Ein systematisches Training zur Lesekompetenz
Karin Haas
Ab Kl. 5, 82 S., A4, Papph.
ISBN 3-86072-736-2
Best.-Nr. 2736
18,50 € (D)/19,– € (A)/32,40 CHF

Sprachen spielend lernen

Aus der Zauberkiste
Tricks für den Sprachunterricht
Wolfgang Hund
Ab Kl. 1, 104 S., A4, Pb.
ISBN 3-86072-581-5
Best.-Nr. 2581
17,90 € (D)/18,40 € (A)/31,40 CHF

Kids' Corner
55 Five-Minute-Games
Sprachspiele für den Englischunterricht
Christine Fink
Kl. 1–6, 71 S., A5, Pb.
ISBN 3-86072-680-3
Best.-Nr. 2680
7,– € (D)/7,20 € (A)/12,60 CHF

Verlag an der Ruhr
Postfach 102251 • D–45422 Mülheim an der Ruhr
Tel.: 0208/495040 • Fax: 0208/4950495
E-Mail: info@verlagruhr.de

Bücher für die pädagogische Praxis

Verlag an der Ruhr

www.verlagruhr.de

Jetzt versteh' ich das!
Bessere Lernerfolge durch Förderung der verschiedenen Lerntypen
Ellen Arnold
Ab 6 J., 79 S., A5, Pb.
ISBN 3-86072-587-4
Best.-Nr. 2587
8,60 € **(D)**/8,85 € (A)/15,30 CHF

So erklär' ich das!
60 Methoden für produktive Arbeit in der Klasse
Kerstin Klein
Alle Altersstufen, 140 S., 16 x 23 cm, Pb.
ISBN 3-86072-733-8
Best.-Nr. 2733
12,80 € **(D)**/13,15 € (A)/22,40 CHF

Fördern und Motivieren

Das hast du gut gemacht!
Urkunden und Mutmacher für jede Gelegenheit
Lena Morgenthau
Ab Kl. 1, 61 S., A4, Papph.
ISBN 3-86072-704-4
Best.-Nr. 2704
17,80 € **(D)**/18,30 € (A)/31,20 CHF

Wie geht das?
Aufmerksamkeit trainieren
Peter Ryan
Alle Schulstufen, 117 S., A5, Pb.
ISBN 3-86072-750-8
Best.-Nr. 2750
12,80 € **(D)**/13,15 € (A)/22,40 CHF

Verlag an der Ruhr — Bücher für die pädagogische Praxis
Postfach 102251 • D–45422 Mülheim an der Ruhr
Tel.: 0208/495040 • Fax: 0208/4950495
E-Mail: info@verlagruhr.de